GERMINAL, OPERATION AND
MARKETING OF SOCIAL WORK
PROGRAMS

社会工作项目的
生发、运行与营销

魏成 著

北京理工大学出版社
BEIJING INSTITUTE OF TECHNOLOGY PRESS

版权专有　侵权必究

图书在版编目（CIP）数据

社会工作项目的生发、运行与营销/魏成著.--北京：北京理工大学出版社，2022.2
ISBN 978-7-5763-1083-2

Ⅰ.①社…　Ⅱ.①魏…　Ⅲ.①社会工作-项目管理　Ⅳ.①C916.2

中国版本图书馆 CIP 数据核字（2022）第 036682 号

出版发行 /	北京理工大学出版社有限责任公司
社　　址 /	北京市海淀区中关村南大街5号
邮　　编 /	100081
电　　话 /	（010）68914775（总编室）
	（010）82562903（教材售后服务热线）
	（010）68944723（其他图书服务热线）
网　　址 /	http：//www.bitpress.com.cn
经　　销 /	全国各地新华书店
印　　刷 /	保定市中画美凯印刷有限公司
开　　本 /	710毫米×1000毫米　1/16
印　　张 /	12
字　　数 /	162千字
版　　次 /	2022年2月第1版　2022年2月第1次印刷
定　　价 /	62.00元

责任编辑 /	徐艳君
文案编辑 /	徐艳君
责任校对 /	周瑞红
责任印制 /	李志强

图书出现印装质量问题，请拨打售后服务热线，本社负责调换

序　一

中国社会工作发展有百年历史。在历史长河中，近三十年来社会工作专业细化和社会工作制度建设进展最快。从社会工作服务到保障服务，从社会工作人才培养到制度化培养，从社会工作方法借鉴到模式本土化，百花齐放。我在2012年《中国社会工作学科建设标准与论争》和2017年发表的《中国社会工作学科：百年论争、百年成长与自主性研究》两篇论文中曾谈到中国社会工作的学科建设标准和学科自主性。中国社会工作项目制度建立以及社会工作项目的规范化运作是自主性的保障。社会工作项目制度是国家、市场和社会工作组织多元福利提供结构的体现，是自由主义社会福利意识形态引入社会工作领域后，中国社会工作服务领域形成市场竞争意识的体现。社会工作项目兼有市场管理机制和服务质量管理机制，同时，如何保障服务对象需要满足是社会工作项目的一大难题。因此，社会工作项目研究具有重要的政策意义和实务意义。

魏成在南京大学攻读博士学位之前，已有社会工作组织领办和社会工作项目执行经验。在博士学习期间，他反省了项目执行中的问题，并广泛阅读了相关文献，在此基础上完成了《社会工作项目的生发、运行与营销》一书。如果将其放置到中国社会工作学科建设的双重意义之中来看，这本书是一个青年教师在学科建设中的实践反思与经验总结，折射出了作为实践性学科的社会工作，以满足社会成员的福利服务需要为目标的宗旨。本书从结构布局来讲，精要地介绍了社会工作项目生发、运行与营销的整体性框架，体现了作为学术性视角下的社会工作项目意蕴，从一个本土化社会工作视角出发，探索建立以本土需要为本的社会工作项目运行模式，着力让社会工作植根于中国大地，焕发其朝气蓬勃的生命力。

在具有实践取向的社会工作学科领域中，社会工作专业、社会工作教育、社会工作实务都是与学科内容互相重叠又各有不同的概念[①]。为此，社会工作专业目标是个人福祉（well-being）还是社会健康？学者的争论体现出了两个目标的共同性以及差异性。本书将个人福祉和社会健康两个目标整合在一起作为社会工作专业目标，反映出了中国微观社会工作和宏观社会工作目标的整体性。中国社会工作本土化发展是以社会变革和个人治疗并重为发展方向的。

本书将社会工作项目生成、运行与营销分为六章内容，并配以完整案例贯穿其中，在不失社会工作项目整体性的同时，又能清晰呈现出项目生命周期各阶段的典型特征和重要内容。第一章作者从社会工作项目生发的多源流框架出发，为社会工作职业人提供了一个标准议事的程序化视角；第二章作者从社会工作项目生发所应具有的基本理论与方法出发，为社会工作职业人提供了运用反思性思维生发社会工作项目的科学化的方法路径；第三章作者从社会工作项目的规划与设计思维入手，为社会工作职业人专业服务开展提供一个完整的构思指南；第四章作者从社会工作项目的目标与任务确立入手，为社会工作项目执行的操作化和效果的可视化提供了具体方法；第五章作者从社会工作项目的过程与结果评估切入，为社会工作职业人评估技能的提升带来指导，促使项目效能产出；第六章作者从社会工作项目宣传到认同的品牌塑造切入，为社会工作在专业服务递送、项目效果彰显和身份价值认同上获得服务对象青睐。

魏成到南京大学攻读博士学位之前，已积累了社会工作教学和服务

---

① 按照教育部现有的体系，社会工作专业是指培养社会工作本科生的体系，社会工作学科是指专业知识体系建设和研究生培养体系。在国际社会工作领域，有关社会工作专业的讨论和社会工作学科的讨论高度重叠。

经验。博士学习期间他怀有服务社会情怀，学习认真刻苦，提升了理论水平，迈向研究的新阶段。他的博士论文资料收集工作在内蒙古完成，对移民异地安置的研究具有创新性。作为他的导师，我期望他早日带给我们具有温度和深度的博士论文。

南京大学二级教授
中国社会工作教育协会副会长
2021 年 10 月 3 日于仙林

序　二

西北师范大学是全国首批获得 MSW 授权资格的单位。非常有幸的是，我本人还参与了申报论证的过程。在我的记忆中，魏成是我指导的第一届社会工作专业硕士研究生之一。如今，他和其他两位同学在自己的工作单位都各有成绩。每每得知包括他们在内的每一位学生在生活和工作方面的好消息，我都打心底高兴和自豪（尽管在一般情况下，我自己也不会将这种自豪之情表露出来）。有时候，我甚至觉得，自己就因生活在各类关系之网中而难以从容应对。

硕士毕业之后，魏成到内蒙古科技大学包头师范学院工作，通过自己的勤勉工作和不懈努力考取了南京大学，在彭华民老师的指导下继续攻读博士学位。在这期间，他总是愿意将自己方方面面的消息告知于我。

2021年8月下旬，我痛风出院之后开足马力赶做自己主持的国家项目。正在那时，魏成告诉我，在完成自己的毕业论文初稿并得到彭老师很细致的修改意见之后，他也基本完成一本书稿的写作。他自称这部书稿是"一个指导手册"，刚联系好了出版社准备出版，并想让我为该书写序。

尽管我自己曾经出版过有关的著作，也很幸运地能邀请到郑杭生先生和刘敏先生为拙著写过序，但为别人写序，还是第一次。说句心里话，我也隐隐心生过愧意——虽然我自己指导过好多届社会工作专业硕士研究生，但我一直很自知——对于这个专业而言，我是一个"门外汉"，偶有的几篇所谓学术论文可能也难进入真正的社会工作研究者的法眼，因为其基本观点和意趣指向不一定和国内惯常的社会工作研究套路藕连。

不过，不管怎样，自己曾经指导过的学生将要有书稿出版，总是一件很开心的事。如果不答应写几行文字，于情于理似乎不太妥当，我于是只能说些其他的话以表心意！

虽然，作为助人实践的社会工作也许和人类的社会生活相伴而生，但作为专业的社会工作则是百年之前才出现的。后来，国家层面对社会福利事务的不断干预和推动，一方面加快了社会工作的规范化和专业化，另一方面也让社会工作本身难逃"规划""目标""效率""评估""认可""宣传"等科层化的运作，社会工作于是就更多地依靠于项目化运行的方式，以项目管理的套路得以展开。更进一步地说，如今，项目化运行业已成为社会工作组织得以存在下去的重要条件。这样一来，就实在难以保证社会工作项目在执行过程中能够充分展现其专业效果，不能给参与其中的各类主体带来很明显的获得感和幸福感。如何能够在作为社会科学的社会工作和作为权力的社会工作之间聪慧地找到平衡点是一个很难获解的课题。难怪，人们总会带着抱怨的口吻说，社会工作不可避免地会把社会诊治变成社会政策的工具。大概，每一个社会工作者都难逃这样的困扰。

本书就是魏成立足于自己主持的"无碍公服、有爱生活——老年友好型社区建设"项目而完成的。他对这个项目的自我评价是虽然"并不完美"却"相对成功"。魏成能以双重的角色属性来审视这一社会工作项目。社会工作职业人的角色属性让他不得不关注项目的立项、运营和营销等各类效应，关注社会工作机构对于社会工作项目的宣传和对机构服务品牌的形塑，关注需要为本的精准服务，专注于服务对象的满意、供给主体的认同和项目本身可能带来的福祉传递效应；而高校社会工作教师的角色属性，又让他能够不断回望和反思项目的运作，更重要的是，能够以具有方法指导的社会工作教学者身份注目项目行动的方方面面。正是这两个方面较好的结合，才使本书框架性地呈现了社会工作项目的生命周期，促使他"把自己的实践经验转化为一个能够更好地指导社会工作项目运行的指导手册，让经验与学理的融合成为专业本土化的可能，进而更好地服务于地方社会的发展"。

其实，就我本人所能接触的研究著作来看，关于社会工作服务项目实施逻辑的分析，国内学术界已有相关研究。不过，此类分析大多集中于项目在实施过程中，参与各方（包括购买方、社会工作机构、基层社区和服务对象以及第三方机构）对社会工作服务项目产生哪些可能的影响，面对这些可能的影响，社会工作者应该采取哪些应对之策以更好地改善社会工作服务实践中存在的不足。有的研究也集中于社会工作项目的案例设计和精选或项目评估和管理层面，而条理化地集中于社会工作项目的生发、运行和营销的系统化架构的研究并不多见。从这个角度来看，本书的选题却是值得肯定而富有新意的。

作为治疗职业中的通识性专业，社会工作从一开始就具有宽容和仁慈的形象。现在看来，也正是借助于这样的形象塑造，逐渐巩固了（着）学科发展的人本基础，使之成为国家治理公民并为其提供福利的重要工具。这本书也较好地体现了社会工作的这一形象和专业属性。比如，作者指出，读者完全可以选择自认为合适的方式去阅读本书，既可以正着读，还可以倒着读，甚至于从其中任何一章开始读都是可以的。这，无疑拉近了作者和读者之间的距离。

大概更多的是因为自己的笨拙，我本人特别能够体味一篇文章定稿后和一部书稿完成中所融入的诸多艰辛！2021年10月29日，魏成在朋友圈中发送了这样一条信息："最近手指的关节很痛，打字都费劲了！"无意中看到后，我心生不忍也同时有了某种宽慰！2021年7月21日，魏成在朋友圈中写道："今天修改致谢，脑中画面太美！"现在猜测，他所说的"致谢"当属本书致谢的初稿。我自然难以复制出他当时脑中的美好画面，但我可以肯定的是，彭华民老师慈爱的形象定然烙入了这一画面并占据了很亮眼的位置。时至今日，我还是要感谢彭老师接纳魏成作为她的学生！我要祝贺魏成在完成硕士学业之后能踏入彭门继续深造！我要祝贺魏成克服了诸多困难终于完成了这部书稿！我也愿意通过这种方式真心祝贺这部书稿将要出版！

2018年6月底，我不得不服从学校的工作安置调离了原来的学院，但我对相关学科的偏爱并没有衰减。如果有可能，我还会继续完成曾经计划撰写的有关社会工作心得体会的拙文。

我希望魏成能继续努力！

我祝福魏成将后的学业之路顺利而开阔！

我也祝愿西北师范大学的社会学和社会工作专业能够有序而快速地向前发展！

岳天明

2021 年 11 月 3 日于兰州

前　言

本书是笔者在参与社会工作项目生发、运行与营销行动基础上的一个总结，希望通过自身对于社会工作项目的理解为从事社会工作的职业人提供一个项目指南手册，从实际操作细节层面带来一个职业能力提升的方向。这本书适合社会工作机构抑或更为广义的社会组织中的管理者、运营者和项目执行人使用，也适合基层社区中关注和从事社区服务的工作者使用，当然基层社区中的领导也可以将这本书作为案头必备的读本。同时也可以将这本书推荐给正在就读社会工作专业的本科生和研究生，可能会为他们理解培养方案中所开设的课程具有一定的延展解释力，也许还能激发或者指导他们操作实务的热情。总之希望这本书能够在您闲暇时，在您忙碌时，在您一个人探索时，在您和您的团队共奋进时，让您更加相信自己和团队能够做得更好。

本书共有六章。全书配以一个完整案例进行阐释，目的在于让读者能够理解本书的写作意涵——在理论与经验事实融合下呈现出现实指导意义。这六章具有非常强的连贯性，只是我将一个连贯的知识运行体系强行地进行了拆分，想要以更为清晰的过程呈现项目的生命周期；但也许未必能够达成我的想法，其中的内容重叠不可避免，请选择您认为合适的方式去阅读，正着读，倒着读，从其中任何一章开始读，总之可以按照您喜欢的方式开始阅读。

第一章主要从社会工作项目生发的多源流框架出发，介绍社会工作项目生发议程机制的设定价值。有效的察觉、良好的互动、坚定的信念是生发社会工作项目的基石；生活情境、社区情境和社会情境是多源流框架中问题源流、政策源流和政治源流嵌入社会工作项目生发的现实情境缘起；了解三源流社会工作项目决策过程的双循环模式，是实现社会工作项目精准供给的科学化指导。本章内容为从事社会工作项目生发、运行与营销的社会工作职业人提供一个标准议事的程序化视角，有助于社会工作职业人走出单纯运用自我经验生发社会工作项目的围城。

第二章主要从社会工作项目生发所应具有的基本理论与方法出发，介绍社会工作项目生发的理论支点和方法的作用。以最基础、简练和易懂的方式对需要为本、社区为本、社会生态系统理论在社会工作项目设计中的基础性理论支点作用进行阐释，并通过对行动研究与个案拓展所承载的方法论意涵介绍，为社会工作职业人提供运用反思性思维生发社会工作项目的科学性认识与实践指导，以此打开社会工作项目设计的科学化方法路径。

第三章主要从社会工作项目的规划与设计思维入手，介绍社会工作项目生发的假设过程。在假设性思考层面对社会工作项目规划的机会模式、测量模式和识别模式进行案例呈现，明确项目设计的基本逻辑框架，为社会工作职业人在交叉、凌乱、繁杂中寻找清晰化的项目创设思路提供可能；并借以政策文本分析、现实情境展现和多元主体对话进行项目目标假设，让项目从规划设计到执行的可行性增大，为社会工作职业人寻找到最好的竞标方案，实现项目立项，为职业人专业服务开展提供一个完整的构思指南。

第四章主要从社会工作项目的目标与任务确立入手，介绍社会工作项目运行的推进文本的形成逻辑。了解如何设定总目标对项目本身带来的结果指向性，以及分目标如何更好地以主题模块呈现各部分服务内容；在服务任务设定中如何将结果任务、过程任务和活动，在主题服务模块中形成良性运行方案，以此解决、预防、提升服务对象应对现实困境的能力和服务对于需要满足的达成；分析构建高效能团队对于项目目标任务达成的重要性，明确成员在项目中特有的角色职责，为社会工作项目执行的操作化和效果的可视化提供保障。

第五章主要从社会工作项目的过程与结果评估切入，介绍社会工作项目运行效能评估的意义和设计方法。通过对项目评估的意义和目的的阐释，展现项目改进、责任承担力、知识生产、政治轨迹和公共关系在项目评估中的重要性；围绕项目进展阶段、项目的行政和政治环境，以及项目结构指出评估设计方向；通过在社会工作项目前期、中期和后期阶段中的典型案例分析，呈现评估问题类型与具体形式，为社会工作职业人评估技能提升带来指导，促使项目效能产出。

第六章主要从社会工作项目宣传到认同的品牌塑造切入，介绍社会工作项目营销传播的价值作用。通过介绍项目宣传的阶段化任务，以及宣传材料和宣传方式的选取，明确宣传广度和群体接收社会工作项目信息的对等价值。通过挖掘、利用以项目为载体的社会工作服务素材，为社会工作职业人介绍如何利用挑战性情节、创造性情节和联结性情节呈现出好的项目故事，以此作为机构和项目推广的营销文案，为合作主体带来传播效应，使自身获取认同，彰显项目效果。

通过对社会工作项目生命周期的框架呈现，希望读者能够更好地了解本书的主要内容，以此获取一个符合您需要的选择性阅读方式，达到您对于知识的获取。在阅读时也希望您能够用审视的视角来看待本书的内容，本书是对笔者实践经验与理论融合运用的反思性总结，因此它并非完美，这便为我们之间提供了可供探讨的空间。希望您读后能够给出更多的良策，让我们共同成长，让这本书在未来还能够获取修订的机会。

本书是内蒙古社会科学基金青少年发展研究项目"内蒙古青年社会组织参与基层社会治理方法路径研究"（批准号：2021QY02）、包头师范学院高水平研究成果培育项目人文社科类青年项目"敏捷治理视角下包头市智慧社区建设研究"（批准号：BSYKJ2021-WQ01）、包头市哲学社会科学研究项目"包头市推进乡村振兴战略面临的问题及解决对策研究"（批准号：2019yy-004）、包头市民政局横向课题"包头市防灾减灾救灾改革实施方案"的阶段性研究成果，在此，笔者只能借文字由衷地向为本成果给予帮助的您道声感谢！

对于致谢，如果单单从写作的过程来看，真的只想感谢一下自己的坚持。细想起来能够进入写作环节，前前后后的积累远远大于写作的集中化呈现，有时会忘却写作前后的积累过程，也许是因为那个阶段的零散努力与生活完全拟合为一体，已经无法判断是为了写这本书而理解社会和生活，还是在选择社会工作作为职业生活本已包含了写作这样一种生活样态。总之在一本书的最后还是要表达自己对于美好世界的感恩。

感谢南京大学对于博士毕业的要求，在屡屡尝试投 CSSCI 无果后，不得不更加努力地为一直想要写一本自己践行社会工作的书而奋斗，其实内心五味杂陈；感谢我的工作单位内蒙古科技大学包头师范学院在评职称中对于著作的要求，也让我更加坚定必须去做此事，为毕业也好，为评职称也罢，将自己践行社会工作项目的体悟和专业尝试结合起来，与各位同人一道分享也许最为有益，也请各位同人指出不足，让我在社会工作路上能够有机会修订，让它变得更好，而非完美。这里我要真心地感谢南京大学社会学院为在此求学的每一位学子所营造的良好学术氛围，感谢内蒙古科技大学包头师范学院为我求学和科研成果产出所给予的时间保障。

感谢悉心培育我的每一位老师。感谢与我同行在社会工作实务领域的学生——内蒙古科技大学包头师范学院政治与法律学院 2013 级社会工作专业的张扩、周智超、刘伟鹏，2014 级社会工作专业的任昱，2016 级社会工作专业的李烨灵、牛犇、刘子隆，没有你们一同与我推进社会工作项目的全周期实践，我想这本书不会在今天截稿，也许还需要更长时间，甚至它将不会存在。你们为本书所选用的资料给予了不遗余力的创造性支持，现在回想起与你们在一起做社会工作项目的日子，脑中的记忆犹如一部励志的社工电影，里面有太多的欢乐与感动，也许有一天我会将其拍摄为微电影送给你们也送给自己。

感谢内蒙古科技大学包头师范学院为我赋予一个高校教师的职业标签，它让我看起来像一位社会工作实务领域的专家，但我只是一个践行者，一直在社会工作这条路上前行。感谢 Y 社会工作服务中心给我提供的社会工作项目运行平台，感谢机构米长存理事长对我的信任与包容，因为有平台，项目才能够有生发的机会、运行的尝试、营销的探索。感谢项目落地的 QY 社区的书记和主任，因为有了有担当、有责任的社区领导，因为有了以人民为中心的价值理念指引，再加上社区中可亲可爱的服务长者，项目才得以实施，才有今天呈现项目、总结经验和反思不足的机会。

感谢自己在社会工作道路上的坚定前行，因为求学未能持续服务已经深耕的社区，有遗憾，但拥有了更多获取专业积淀的机会。在来到南京大学社会学院师从彭华民教授后，老师常常挂在嘴边的"道与术""成果意识"，让我不敢、也不能有放松的姿态躺平生活，看起来毫无关联的两个关键词，却蕴含着理论与方法在研究中的基础作用，有了积淀，成果还会远吗？回想起自己硕士阶段跟随岳天明教授求学的历程，发现老师的传道授业解惑，是以言简意赅的言传和身体力行的身教为特点，用行动传达出自律、努力、严谨在培养学生学习研究中的意义。自律、努力所反映的是行动，严谨是采取行动的态度，行动中积蓄下的实践知识也就成为学科成果产出不可或缺的有益资料。跟随二位恩师求学，让我明白了听与行之间不能缺少体悟，正是在不断的体悟中，让我感受到了我的硕士导师岳天明教授与博士导师彭华民教授异曲同工的育人理念。也许今天对于社会工作项目生发、运行与营销的思考还不够深入，但我拥有了挖掘自我潜质的能力。感谢你们对我的爱，感谢你们让我对社会工作"情怀"有了更为精准的体悟。

感谢鄂尔多斯市的社会工作同人，你们与我的对话，以及你们为我在 2013 年至今持续提供的社会工作践行机会，是我专业提升上最为宝贵的财富，在此向你们表示深深的感谢。这不是终点，而是一次总结反思，只为更好地前行。王根喜、王宇龙、王震、杨平、何佳、张茜、陈蓉、訾小军、苗璐、王嘉蕾、某村第一书记，集结的号角再次吹响，我们一路同行。你们以一种社会工作大爱的方式为我和有可能从事这份工作的学生提供探索的路径，使他们有可能在此基础上开创属于他们自己的社工事业，你们也将成为社会工作专业学生响应"大众创业，万众创新"的指引者。

  感谢家人的理解、支持与关爱。感谢我的妻子张丹在我外出求学时独自承担家庭中的每一件事情，感谢你为家庭的付出，以及对我的理解，同时感谢你为全书认真、严谨地校稿；感谢女儿攀攀带来的欢声笑语；感谢家中父母长辈对我的鼓励与支持。你们是我生活中最坚实的精神支柱，我希望看到你们脸上泛起笑容，以此激发我坚定前行的昂扬斗志。在此，请允许我向为此书得以顺利出版付出辛勤劳动的北京理工大学出版社的每一位编辑道一声谢意，谢谢各位！最后我要将本书献给我的亲人们，谢谢你们！

南京大学仙林校区杜厦图书馆

2021年8月6日

自 我 介 绍

我叫魏成，1986年出生，现就读于南京大学社会学院（2018年至今），攻读社会学博士学位，研究方向为社会政策、社会福利与社会工作，社会组织运营与社区治理。同时我也是内蒙古科技大学包头师范学院政治与法律学院社会工作系的一名青年教师。2012年硕士毕业后我进入高校工作。2013年我所在学院成立了一家民办非企业性质的社会工作服务中心，法人由政治与法律学院领导担任。因为刚刚踏入高校，在做好教学工作的同时还得到了领导垂爱，兼任学工办辅导员，加之我是社会工作系唯一的男同志，自身又抱有对专业的热情，自然被领导拉入机构成为一名项目执行人。机构成立的初衷是给社会工作专业学生提供专业实习平台，就在双重因素制造出的机缘中，让我和学生成了"项目执行共同体"。

2014、2017、2018年我先后三次执行了内蒙古自治区民政厅项目，2015、2016年两次执行了青山区公益创投项目，项目涉及的领域从最初的社会工作人才培训逐渐走向了今天这本书所呈现的社区社会工作项目。项目运行期间很好地检验了自身的专业能力，也带给我和学生对于专业更加深入的反思，这为我在专业教学上提供了丰富的教学素材，也为我先后主持三项省级课题、三项市级课题提供了重要的田野积淀。与此同时，与社会组织同人的不断接触，也为我个人获取了更多交流的机会。听得多了、看得多了、做得多了，自然而然就有了一个想法，也就是把自己实践经验转化为一个能够更好指导社会工作项目运行的指导手册，让经验与学理的融合成为专业本土化的可能，进而更好地服务地方社会发展。

  2018年,我很幸运考入南京大学社会学院,师从彭华民教授,攻读博士学位。进入彭门,让我有了从经验研究到学术研究的学习机会,也有了写作的时间,为想法变成现实带来了契机。进入南京大学后,我并没有割断与社会组织的联系,反而为了寻找论文选题,与田野点的社会组织同人有了更多的接触,他们的接纳、包容与鼓励,使我们每一次的见面都成为一次深度交流和毫无保留地分享体悟的机会,这些来自人与物交错映射下的思想,再次坚定了我写作的信心。也许在你看过此书后,会有很多的意见,不要紧!我会倾听您的意见,努力修正并丰富此书。愿你我一路同行。

目　录

第一章　多源流导引：社会工作项目生发的决策议程 …… 001

第一节　社会工作项目的精准供给与多源流框架 …………… 002
　　一、社会工作项目化运行的精准供给导引 ………………… 002
　　二、社会工作项目生成的多源流理论与应用 ……………… 004
第二节　社会工作项目生发的多源流决策议程机制 ………… 009
　　一、现实情境中的问题源流 ………………………………… 012
　　二、主体参与中的政策源流 ………………………………… 013
　　三、价值信仰中的政治源流 ………………………………… 015
　　四、双循环中的驱动与评估 ………………………………… 017
本章小结 ……………………………………………………………… 017

第二章　理论与方法：社会工作项目生发的理论支点与方法
　………………………………………………………………… 019

第一节　社会工作项目生发的理论支点 ……………………… 019
　　一、需要为本的精准服务递送定位 ………………………… 021
　　二、社区为本的服务共享惠及价值 ………………………… 025
　　三、社会生态系统理论的结构特性 ………………………… 031
第二节　社会工作项目生发的方法 …………………………… 035
　　一、基本方式与具体技术 …………………………………… 036
　　二、行动研究与拓展个案 …………………………………… 044
本章小结 ……………………………………………………………… 047

第三章　规划与设计：社会工作项目生发的假设过程 …… 049

第一节　社会工作项目规划的模式分析 ……………………… 050
　　一、社会工作项目规划的机会模式 ………………………… 050
　　二、社会工作项目规划的测量模式 ………………………… 054
　　三、社会工作项目假设的识别模式 ………………………… 058
第二节　社会工作项目设计的三维假设 ……………………… 063

一、基于政策文本的项目规划……………………………… 064

二、基于现实情境的项目设计……………………………… 067

三、基于多元主体的目标假设……………………………… 071

本章小结……………………………………………………… 075

第四章 目标到任务：社会工作项目运行的推进范本…… 077

第一节 社会工作项目的目标分解与设定……………… 078

一、社会工作项目的总目标分解与设定…………………… 078

二、社会工作项目的分目标分解与设定…………………… 082

第二节 社会工作项目的任务分解与设定……………… 086

一、社会工作项目结果任务分解与设定…………………… 088

二、社会工作项目过程任务分解与设定…………………… 091

三、社会工作项目活动形式设定…………………………… 093

第三节 社会工作项目团队的构成与分工……………… 097

一、社会工作项目中的管理者……………………………… 097

二、社会工作项目中的督导者……………………………… 099

三、社会工作项目中的志愿者集结人……………………… 101

四、社会工作项目中的专业领域人士……………………… 102

本章小结……………………………………………………… 104

第五章 过程到结果：社会工作项目运行的效能评估…… 105

第一节 社会工作项目评估的重要性与评估设计……… 105

一、社会工作项目评估的重要性…………………………… 106

二、社会工作项目评估设计………………………………… 109

第二节 社会工作项目评估类型与具体指标问题……… 113

一、社会工作项目前期评估………………………………… 114

二、社会工作项目中期评估………………………………… 121

三、社会工作项目终期评估………………………………… 123

本章小结……………………………………………………… 128

第六章 宣传到认可：社会工作项目营销的传播效应 …… 130

第一节 社会工作项目宣传的阶段与方式 …………… 131
一、社会工作项目宣传的阶段划分与目标推进………… 131
二、社会工作项目宣传的材料要素与方式选择………… 135

第二节 社会工作项目的营销与品牌生成 …………… 139
一、品牌塑造意识与营销计划………………………… 139
二、讲好项目故事传播最强音………………………… 143

本章小结 ……………………………………………… 149

参考文献 …………………………………………… 151

后记 ………………………………………………… 160

案例框目录

案例框 1-1："无碍公服、有爱生活——老年友好型社区建设"
项目生发的模糊性与局限性分析 …………………………… 006

案例框 1-2："无碍公服、有爱生活——老年友好型社区建设"
项目生发的校社合作联席会议机制 ………………………… 008

案例框 1-3："无碍公服、有爱生活——老年友好型社区建设"
项目生发的三维情境 ………………………………………… 010

案例框 1-4："无碍公服、有爱生活——老年友好型社区建设"
项目生发的问题源流 ………………………………………… 013

案例框 1-5："无碍公服、有爱生活——老年友好型社区建设"
项目生发的政策源流 ………………………………………… 014

案例框 1-6："无碍公服、有爱生活——老年友好型社区建设"
项目生发的政治源流 ………………………………………… 016

案例框 2-1："无碍公服、有爱生活——老年友好型社区建设"
项目生发的理论指引 ………………………………………… 021

案例框 2-2："无碍公服、有爱生活——老年友好型社区建设"
项目生发中需要为本的理论运用 …………………………… 024

案例框 2-3："无碍公服、有爱生活——老年友好型社区建设"
项目生发中社区为本的理论切入 …………………………… 026

案例框 2-4："无碍公服、有爱生活——老年友好型社区建设"
项目生发的公共议题寻找 …………………………………… 028

案例框 2-5："无碍公服、有爱生活——老年友好型社区建设"
项目生发可能带来的梯度志愿服务队伍和价值感悟 ……… 030

案例框 2-6："无碍公服、有爱生活——老年友好型社区建设"
项目生发的社会生态系统理论迁移运用 …………………… 032

案例框 2-7："无碍公服、有爱生活——老年友好型社区建设"
项目生发的复杂情境与服务主线析出 ……………………………… 034

案例框 2-8："无碍公服、有爱生活——老年友好型社区建设"
项目生发的调查研究实施 ………………………………………… 038

案例框 2-9："无碍公服、有爱生活——老年友好型社区建设"
项目生发的实地研究方法运用 …………………………………… 041

案例框 2-10："无碍公服、有爱生活——老年友好型社区建设"
项目生发的半结构式观察设计 …………………………………… 042

案例框 2-11："无碍公服、有爱生活——老年友好型社区建设"
项目生发的文献研究方法运用细目梳理 ………………………… 043

案例框 3-1："无碍公服、有爱生活——老年友好型社区建设"
项目规划与设计中的机会模式自评 ……………………………… 053

案例框 3-2："无碍公服、有爱生活——老年友好型社区建设"
项目规划与设计中的方案编制原则与指标 ……………………… 057

案例框 3-3："无碍公服、有爱生活——老年友好型社区建设"
项目的假设性基本逻辑框架分析 ………………………………… 059

案例框 3-4："无碍公服、有爱生活——老年友好型社区建设"
项目过程——适老化空间安全与公共共享安全获取路径形成 … 062

案例框 3-5："无碍公服、有爱生活——老年友好型社区建设"
项目规划与设计中的政策导引思考（一）……………………… 065

案例框 3-6："无碍公服、有爱生活——老年友好型社区建设"
项目规划与设计中的政策导引思考（二）……………………… 066

案例框 3-7："无碍公服、有爱生活——老年友好型社区建设"
项目规划与设计中的现实情境设计思考（一）………………… 068

案例框 3-8："无碍公服、有爱生活——老年友好型社区建设"
项目规划与设计中的现实情境设计思考（二）………………… 069

案例框 3-9："无碍公服、有爱生活——老年友好型社区建设"
项目规划与设计的现实情境中需要分析与利益相关主体的释义 … 070

案例框 3-10："无碍公服、有爱生活——老年友好型社区建设"
项目服务对象的确定分析 ………………………………………… 072

案例框 3-11："无碍公服、有爱生活——老年友好型社区建设"
项目规划与设计中利益相关主体需要分析与目标厘定的
假设性匹配 ………………………………………………………… 073

案例框 3-12："无碍公服、有爱生活——老年友好型社区建设"
项目假设性语句表达实例 ························· 075

案例框 4-1："无碍公服、有爱生活——老年友好型社区建设"
项目的目标设定分析 ···························· 079

案例框 4-2："无碍公服、有爱生活——老年友好型社区建设"
项目的总目标设定 ······························ 082

案例框 4-3："无碍公服、有爱生活——老年友好型社区建设"
项目的分目标设定思路 ·························· 083

案例框 4-4："无碍公服、有爱生活——老年友好型社区建设"
项目的分目标优先级矩阵 ························ 085

案例框 4-5："无碍公服、有爱生活——老年友好型社区建设"
项目的结果任务示例 ···························· 090

案例框 4-6："无碍公服、有爱生活——老年友好型社区建设"
项目的过程任务推进甘特图 ······················ 091

案例框 4-7："无碍公服、有爱生活——老年友好型社区建设"
项目中的关键词表 ······························ 092

案例框 4-8："无碍公服、有爱生活——老年友好型社区建设"
项目适老化安全康乐主题服务 ···················· 093

案例框 4-9："无碍公服、有爱生活——老年友好型社区建设"
项目适老化安全康乐主题——健康服务活动呈现 ·········· 094

案例框 4-10："无碍公服、有爱生活——老年友好型社区建设"
项目适老化安全康乐主题服务活动中社会工作职业人的
专业触及性 ····································· 095

案例框 4-11："无碍公服、有爱生活——老年友好型社区建设"
项目适老化安全康乐主题——防诈骗服务性承诺角色任务表 ··· 096

案例框 4-12："无碍公服、有爱生活——老年友好型社区建设"
项目团队专业领域人士选取 ······················ 103

案例框 5-1："无碍公服、有爱生活——老年友好型社区建设"
项目的行政和政治环境评估设计 ·················· 112

案例框 5-2："无碍公服、有爱生活——老年友好型社区建设"
项目需要评估的情境性问题设置 ·················· 115

案例框 5-3："无碍公服、有爱生活——老年友好型社区建设"
项目对资源合作方选择的评估·· 116

案例框 5-4："无碍公服、有爱生活——老年友好型社区建设"
项目服务分项报价表·· 118

案例框 5-5："无碍公服、有爱生活——老年友好型社区建设"
项目成本预估··· 118

案例框 5-6："无碍公服、有爱生活——老年友好型社区建设"
项目专业理论运用与服务对象需要的拟合度呈现··························· 119

案例框 5-7："无碍公服、有爱生活——老年友好型社区建设"
项目理论评估的拟合度问题设置··· 121

案例框 5-8："无碍公服、有爱生活——老年友好型社区建设"
项目过程评估的目标达成度设置··· 123

案例框 5-9："无碍公服、有爱生活——老年友好型社区建设"
项目结果目标达成对照·· 124

案例框 6-1：Y 社会工作服务中心在项目阶段化运行宣传中
传达出的主体价值（片段）·· 134

案例框 6-2：Y 社会工作服务中心项目宣传材料包含的
要素和运用空间··· 136

案例框 6-3：Y 社会工作服务中心项目品牌塑造的先天优势分析······ 140

案例框 6-4：Y 社会工作服务中心项目营销遵循的 SMART 原则······ 141

案例框 6-5：Y 社会工作服务中心项目营销中的合作伙伴
风险评估··· 142

案例框 6-6："无碍公服，有爱生活——老年友好型社区建设"
项目故事的挑战性呈现·· 145

案例框 6-7："无碍公服、有爱生活——老年友好型社区建设"
项目故事的创造性呈现·· 146

案例框 6-8："无碍公服、有爱生活——老年友好型社区建设"
项目故事的联结性关系呈现·· 147

案例框 6-9：Y 社会工作服务中心在社会工作项目结项时
对社区发出的感谢信··· 149

第一章 多源流导引：社会工作项目生发的决策议程[①]

　　本章通过对金登的多源流分析框架进行尝试性的借鉴并予以修正，形成三源流社会工作项目决策过程的双循环模式，将这种模式作为真实方案并转化为一种虚拟政策，在决策过程中予以讨论，尝试探寻社会工作项目生发的程序化决策路径。以问题源流、政策源流和政治源流导引出的指导思想，形成对社会工作项目生发的核心价值内循环，以三源流汇聚产生的政策之窗，形成多方共同接受的、旨在为"服务对象"确立精准服务的政策起点，并形成项目产出方案与服务群体需求的精准对接外循环，以此探索社会工作项目生发的精准化决策议程机制，以便社会工作职业人能够获得社会工作项目生发的清晰化执行思路。本章作为后续章节呈现社会工作项目生发、运行与营销的组织内部决策基础，主要包含两节内容：第一节主要介绍社会工作项目的精准供给与多源流框架；第二节主要介绍社会工作项目生发的多源流决策议程机制。

[①] 本章内容已于2019年11月发表在《华东理工大学学报（社会科学版）》第6期。此处对发表内容进行了删减和必要的增补，只为了社会工作职业人易于理解理论的内容。

第一节　社会工作项目的精准供给与多源流框架

社会工作项目生发本是将社会工作专业化服务推向需求群体的一种方案策划、决策过程,目标在于服务的精准化供给。一个优秀社会工作项目的核心是形成一个同时满足实用、可操作、创新、可持续、有影响力这五个要求的项目构想(孙斐、黄锐,2020)。但在社会工作项目生发决策过程中,因现实生活情境、社区情境和社会情境的复杂、凌乱、变动性等因素,导致了需求的模糊性产生。社会工作项目现实存在的意义就是以专业的服务设计来达到对服务对象的精准服务,构筑起服务对象想要获得的美好生活。因此,如何生发出精准的社会工作项目便进入社会工作职业人的视野,如何生发出具有现实意义和专业认同的社会工作项目也就成为每一个社会工作职业人和社会工作教育者希望探寻的话题。探讨社会工作项目的生发、运行与营销目标只为给从事这份工作的社会工作职业人和未来可能从事这份工作的社会工作专业学生提供一个专业导引。

一、社会工作项目化运行的精准供给导引

社会工作项目生发的决策过程是社会工作实现精准供给,达到治理专业化成效的重要原点。社会工作项目制定中项目设计者和服务对象需求的模糊性是项目产出的现实困境。1995 年社会政策学家金登提出并使用了"多源流框架"的概念,认为策略产出的逻辑路径是策略有效执行的根本所在。而今天社会治理将社会工作项目化介入作为主要方式嵌入社会治理领域,社会工作项目化运行由此成为当下基层社会治理的主要模式。社会工作项目化服务供给的出发点是解决来自政府、市场、社会和公众之间资源、信息、机会、权力不均衡等因素产生的社会工作服务碎片化困境,由此衍生出的社会工作项目生发进入了学者的视角。如何规避、解决由现实服务群体需求的多样性、空间的复杂性带来的社会工作项目精准化产出成为必须解决的重要问题。在转向微观视角后,

社会工作项目生发的现实过程中呈现出需求采集质量低、需求分析精准低、需求转化效率低（杨柳，2017）等现实需求的模糊性。因此，探索社会工作项目生发的决策过程成为寻找解决社会治理中公共服务供给模糊性的可行办法。鉴于此，本书从思考如何生发一个好的社会工作项目出发，尝试引入金登多源流框架的政策产出理论，探讨社会工作项目在面对需求模糊性时应该以何种议程生发出精准化项目，为社会工作项目化运营的实务管理者、设计者和执行人带来启示，以体现其专业价值形塑出的职业能力。

在社会工作研究领域中，对项目制的研究主要聚焦于项目制的"政府购买服务"（管兵、夏瑛，2016）和对项目制作用的探讨，渠敬东、折晓叶等都充分肯定了项目制的合理性（渠敬东，2012；折晓叶、陈婴婴，2011）。然而，项目制在赋予社会工作机构合法性的同时，在提供资源、推动服务工作中也呈现出了自主性、专业性、认同性不足的问题（肖小霞、张兴杰，2012）。政府购买的项目制服务方式存在着自身的局限性，在项目具体的实施过程中，专业性被消解，对于项目需求本身的模糊性转向精准化也难以实现。现有研究主要是从社会工作项目运营管理、实务落地和评估的单一线性化运作逻辑推开。社会工作项目运行管理探索是对行政导向到专业导向的转变（杨竹、吴晓萍，2018），是实现专业服务的策略选择（杨荣，2014）。社会工作项目实务操作落地主要围绕国家政策中"三社联动""三区计划"探索其背后的政治秉性（任文启，2019；哈曼，2019），以及服务对象实务领域中的困境分析和对策建议（王恩见、何泳佳、高冉、朱新然，2018）。社会工作项目评估研究则更加强调项目制的核心地位，涉及评估的架构（陈钟林、吴伟东，2006）、指标体系维度（朱晨海、曾群，2009）、理论取向反思（万仞雪、林顺利，2014）、监测评估效用（肖萍，2019）、评估模型探索（刘江，2015）以及评估实施者绩效考察的建构逻辑和受助者专业成长目标的达成（冯敏良，2014；姚进忠，2018）。项目制在不断的发展过程中成为社会工作介入服务的主要模式，为开展社会工作项目的管理、群体对接以及评估提供了完整的思路与方向，呈现出了社会工作项目的执行过程，但似乎没能呈现出社会工作项目生发这一原点是如何产生的，即社会工作项目作为指导开展项目的设计原点是如何聚焦而产生的，社会工作项目生发的过程是按照何种逻辑产出并适合于现实需要的。

社会工作项目生发是对场域空间中群体需要的模糊性而开展的一种方案设计过程，虽然不能将社会工作项目的生发上升为政策层面，但将其作为一种指导项目执行的策略，本书将在社会工作项目设计的原点试图借助多源流框架（Multiple Streams Framework，MSF）[①]进行反思。因为社会工作项目生发的过程将决定社会工作项目设计的合理性以及运行的顺畅性，可以有效解决具有复杂、凌乱、变动、模糊以及难以理解的现实情境，只是在情境中更加趋向微观层面，但在倡导的作用下可将这一微观层面的社会工作项目生发过程文本所产生的效果转化为宏观层面的政策策略。因而，本书试图尝试在坚持某种拿来主义的立场上对理论模型加以修正和优化（杨志军，2018），让社会工作项目生发、运行与营销在起点更加完善，这样才能在有限条件下探讨出清晰和自利并存的社会工作项目，形成社会工作项目设计到执行再到评估的有效策略，以此绘制精准的社会工作服务画卷。

二、社会工作项目生成的多源流理论与应用

社会工作项目化运行作为社会工作介入具体服务的主要模式，其核心在于服务的精准化供给。因此，精准化服务的设计便成为学者和实务工作者所关注的核心问题。当我们从精准化服务的反向面出发，所映射出的恰恰是社会工作项目生发中的模糊性问题。面对项目服务的模糊性现实，社会工作项目生发所需的便是策划原点的具体化议程设计。作为政策产出的多源流框架以其清晰的脉络进入了社会工作项目生发研究者的视野。

[①] 对于多源流，有学者称之为多源流框架（Policy Streams Framework，PSF），有学者称之为多源流理论（Policy Streams Theory，PST），也有学者称之为多源流研究途径（Policy Streams Approach，PSA）。这里同意尼古拉斯·扎哈里尔迪斯的观点，使用多源流框架（MSF）来称谓这一政策过程理论，主要是考虑到多源流更多提供了一个分析政策过程的视角和框架，而转化为理论需要结合具体情景。

(一) 多源流框架的理论基础

多源流框架强调的是议事日程上出现以及可供选择的政策是如何被具体化的。多源流框架在解决整个政策过程中的模糊性问题上，是基于决策模型的简单化、清晰化认知来实现的。也就是说，多源流框架仅仅解决模糊性条件下的政策制定问题。多源流框架强调政策的产出是以人为核心来指导、实施策略的，但人的需要本身具有多样性和复杂性，带来的结果是项目生发中的模糊性扩大。因此，产出何种政策，用何种政策来满足人的需求，折射出的恰恰是模糊性所强调的对于同样的环境或现象有着多种思考方式的状态（Feldman，1989）。埃德拉·施拉格认为多源流框架中"有关所依靠的变量是一组可靠的政策备选方案还是筛选出一个备选方案"存在着模糊性，因为这种现象的出现来自政府、市场、社会和公众之间资源不对等、信息不对称、机会不均衡、权力不匹配（Schlager，1995）。Frisch 和 Baron 认为模糊性是在信息不完备状态下与预测相关的主观体验（Frisch & Jonathan，1988），造成的最大问题在于，我们不知道问题是什么，它的定义是模糊的而且是变化的。识别相关和不相关的信息也存在问题，有时甚至会出错或出现误导现象，这也成为政策导向服务中精准化服务供给降低的原因。

多源流框架的发展核心是基于政策选择的垃圾箱模型。垃圾箱模型也是在模糊性存在中形成的一种解决"决策活动有组织的无政府状态"的命题。其政策导出源于"问题、解决办法、参与者和决策机会"四个独立的溪流（金登，2017），但强调的核心是问题提出以及对政策制定过程总是会使用早已选定并习惯遵从和约定俗成的解决方法来完成，并显示出人员的流动性（Fluid Participation）对政策决定产生的重大影响；偏好选择的问题性（Problematic Preferences）则在时间的有限性上表现出局限，政策制定者不能非常清晰地阐述他们的目标以及清楚自己的偏好，表现出决策的非透明性，这仅是一系列思想和想法的集合，而不是协调统一组织的一致性表现形式；作为一系列把"输入"因素转化成产品的组织过程，带来技术的不清晰性（Unclear Technology）特征（萨巴蒂尔，2006）。其中的个人偏好、流动参与和技术的不清晰性所反映的正是垃圾箱模型的模糊性，学者又将其称为松散的耦合（Loose Coupling）。这一政策选择的过程已经越来越不像解决问题的一种实践，而越来越成为认识有限复杂世界的一种尝试（Weick，1979）。然而，政策决策者关心的是如何有效管理时间而不是管理任务（Drucker，1967），因为当问题和偏好还不清楚之时，要挑选出最大净收益的办法自然比较困难，要解决"决策活动有组织的无政府状态"模糊性命题，就成为一种奢望。其原因还在于"各种问题和解决办法在其产生时都被参与者填入其中的一个垃圾箱。垃圾箱在单个桶中的混合程度取决于可得垃圾桶的混合程度，取决于贴在备选垃圾桶上的标签，取决于目前正在生产的是什么垃圾，以及取决于垃圾从所在地收集和搬出的速度"（Michael et al.，1972）。那么社会工作项目生发的决策过程前提出的做什么项目、项目的效果如何，就是在项目发包方的供给中根据自身偏好所形成的"虚拟化"服务导向。在项目的运行时间节点管理与任务效度管理方面，发包方更加关注的是时间节点的任务完成情况，而非效度评价。因此，社会工作项目生发的过程原点并非来源于需求群体，而是管理者的自身偏好，这必将导致社会工作项目在生发之时缺失了最大化净收益方案的可能性。因此在解决以上问题的讨论中，多源流框架理论成为探讨项目精准化供给的指导策略。

> **案例框 1-1：**
> **"无碍公服、有爱生活——老年友好型社区建设"**
> **项目生发的模糊性与局限性分析**
>
> 在 Y 社会工作服务中心准备启动竞标 N 省民政厅政府购买服务之时，对于做什么样的项目，思考也是在模糊状态下进行的。在项目生发过程中，Y 社会工作服务中心起初的项目设计仅仅将以往开展过的服务作为主要思考方向，项目服务群体数量大、项目执行频率高、项目管理者自我决策是项目设计的出发点，而对于项目本应有的精准服务供给、服务效能和社会效益思考较为薄弱，最初设定的方案主要聚焦在老年人居家生活照料，包括个人卫生、居家环境、

> 定期健康监测等方面。这样的设计看似是对于老年人需求的精准化供给，实则是项目管理者、设计者对于个体需求的一种放大化，间接带来的是服务个体的庞大数量、服务的强工作量。可想而知，项目结项时将会以时间周期内项目数量的完成作为结项依据，也反映出服务设定的偏好来源于项目设计者自身对于老年个体的认识，缺失了对于老年群体需要的甄选与整合的专业能力。

（二）多源流框架的内涵阐释与应用转向

多源流框架试图修正以上存在的依托个人偏好、管理错位和目标模糊性的问题，基本框架最早是由金登提出的，强调系统并非处于平衡之中，而是不断地演化着（萨巴蒂尔，2006）。金登提出，在整个决策系统中存在着"问题、政策、政治"三种源流。

问题源流关注的是为什么政策制定者对一些问题给予关注，却对其他问题视而不见，其中包含"指标、焦点事件和反馈"三项因素（金登，2017）。一是一种情况存在与否及重要程度可以用一系列指数来反映；二是一些重大或危机事件经常能够导致对于某个问题的关注；三是从现行项目中所获得反馈，可以推动对问题的关注。通常人们会用自己的机制观念和信仰指导决策过程，将现象进行归类。因此在整个决策过程中形成"问题意识"，引导出政策制定的现实依据。

政策源流主要聚焦和阐述的是由政策共同体中的专家提出的政策建议和政策方案的产生、讨论、重新设计以及受到重视的过程。共同体汇聚的成员包含政府管理者、专家学者和思想库中的研究人员，基于他们所共同关注的某一政策领域问题，通过技术可行性与价值观念的可接受性，使各种备选方案和政策建议持续互动、相互碰撞，只有少数符合一定标准的才可能幸存下来。因此在整个共同体的互动中，所强调的是主体间协商发展的机制化效应。

政治源流则是影响政策问题上升为政策议程的政治活动或事件，包括国民情绪的变化、压力集团的行动、行政或立法机构的换届，以及后期扎哈里尔迪斯对金登理论所做的拓展，他将政治源流中的三个影响因素聚焦到执政党的执政理念上,即关注执政党的意识形态。这样政党倾向于主导政治源流,并对政策选择进行严格的控制(Zahariadis,1995)。根本上讲,扎哈里尔迪斯的研究隐约显示了政党作用的重要性,强调了理念和信仰在政策产出中的统一思想指导性(Zahariadis,1995)。这正是"问题、政策、政治"三源流导向过程中的具体运行逻辑。这时三源流会沿着不同的路径流动,并在某一特定时间点汇合到被称作"政策之窗"的政策产出层面,政策之窗的开启表明政策问题被识别,政策建议被采纳,政策议程发生变化。

案例框 1-2:

"无碍公服、有爱生活——老年友好型社区建设"
项目生发的校社合作联席会议机制

Y 社会工作服务中心作为 B 市高校的实践教学平台,在自身无法设计出理想的社会工作项目后,首先想到了 B 市高校的社会工作教师所能带来的支持,希望能够为机构找到可以落地、有专业性、有创新性,还能精准符合 Y 社会工作服务中心业务范围的项目。B 市高校的社会工作教师在校社联席会议上,提出围绕机构已经确定好的服务群体对象"老年人",希望机构能够聚焦在"指标、焦点事件和反馈"三要素上。社会工作教师尝试联动"社区、高校、服务对象、基层政府"主体,以及查阅现有政策,寻找项目可能的设计思路。这一思路的来源是社会工作教师对于政策过程理论的一种迁移,让社会工作机构的从业人员能够有效利用专业理论导引出未来的项目。这一过程很好地反映出理论对于项目生发的支点作用。

多源流框架是政策研究中的重要理论,当前借助多源流框架进行相关的研究主要从四个方向进行:一是对多源流框架的引述与评价(陈建国,2008);二是对政策出台过程和背景的描述性研究,通过对模糊性的分析(李文钊,2018),聚焦公共政策产出的政策之窗(姜艳华、李兆友,2019);三是对政策变迁的解释性研究,例如学前教育供给侧改革(葛新斌、付新琴,2017);四是本土化应用领域的修正拓展研究,

在多源流框架中嵌入"理念、形象、机构、个人"等要素进行修正（杨志军，2018）。任鹏、陈建兵（2016）将多源流运用于区域精神文化建设上，强调在区域精神提炼过程中的生成机制，肯定在政策领域实现政策决策科学化、民主化的现实效果。多源流框架在研究中的不断扩展，充分显示了政策过程问题的研究活力以及多源流框架的解释力和影响力（任鹏、陈建兵，2016）。从政策层面转向应用操作层面，我们可以在原理论的解释中，借鉴多源流在我国政策实践本土化中的样态，以主体、指标相互交织的运行方式，推进多源流框架扎根于应用领域，发挥其自身所具有的程序性演进机制（毕亮亮，2007；王程韡，2009；任鹏、陈建兵，2016）。基于此我们可以将社会工作项目生发放置于多源流模型中，借助多源流框架深入、持久、独到的实证考察和精彩勾勒的程序性议程设置，形成有效备选方案，实现项目决策制定的精准化。依托多源流框架分析理论中的问题源流、政策源流、政治源流所形成的基本框架，从社会工作项目生发的思路出发，通过明确群体目标、回溯需求来源、细化分析指标、明确过程目标、回归政策维度、达到政策生发目标，探讨在多源流框架本土化中，以更加微观的社会工作服务决策源头的精准化议程设计，促使社会工作项目达到有的放矢、收效倍增的精准化供给效果。

第二节　社会工作项目生发的多源流决策议程机制

社会工作项目生发的决策议程就是一个专业化服务执行方案的制定过程，其中的核心在于决策者对于需求模糊性的哪些问题是关注的、哪些问题是忽略的，强调的是对于目标点的描述和预测。描述主要是解释项目究竟是怎样制定的，这包含主体与影响因素的共振作用，预测则是着重于预测未来的执行策略，通过描述导出过程目标，从理论上讲描述与预测这两个目标是共生的。社会工作项目决策过程与多源流框架强调的是政策制定均要落实在特定的环境之中，需要通过对一些条件做具体的描述，才能够更接近于项目制定的实际情况。社会工作项目生发需要在整体系统中探寻关注的问题是什么，如何导出问题，成功制定社会工作项目这一执行导向的微观内部政策，产出有效的、精准的服务策略，达到项目精准化服务供给的目标。因此，社会工作项目生发的每一个环节都要聚焦到服务的"需求群体"，并在需求来源的生活情境、社区情境、社会情境层面分析具有复杂、凌乱、变动、模糊以及难以理解的现实情境，从而将需求的预测指标有效地回归于现实情境，在路径的逻辑上产出项目生发的需求议程、备选方案和决策互动的过程目标。

> **案例框 1-3：**
> **"无碍公服、有爱生活——老年友好型社区建设"**
> **项目生发的三维情境**
>
> Y社会工作服务中心在明确服务对象为"老年群体"后，对"无碍公服、有爱生活——老年友好型社区建设"项目落地的QY社区，从生活情境、社区情境、社会情境三个层面进行了项目析出的日常生活观察。生活情境主要是观察老年人家里家外的生活需要是什么，哪些因素影响了老年人的基本生活获取；社区情境主要观察社区中老年人关注的是什么，以及社区在公共领域为老年人做了什么，还能做些什么；社会情境主要聚焦与老年人有关的政策和新闻媒体报道，寻找有哪些政策内容具有方向性的指引。

对于现实情境的模糊性是否能够向精准化推进，社会工作职业人需要尝试借助多源流框架中的分析指标。三源流框架独有的分析指标既保持了相互之间的独立性，同时又在不断的修正中将问题源流的需求议程、政策源流的备选方案和政治源流的决策互动汇聚于执政党意识，成为三源流修正路径中的"信仰"价值来指导项目的生发，这一思想中的关键就是强调源流中每一个要素均具有"信仰"，以表达对某事物的追求、寄托和期望。社会工作项目作为基层社会治理的公共服务供给方式，强调将"以人民为中心"作为社会工作项目生发的信仰起点，落实到社会工作项目服务的开展上，呈现出的是对美好生活需求的精准化供给。将社会工作项目方案作为备选方案推入政策之窗，其本身所蕴含的参与主体对于决策过程的知识增长和理论贡献初心，便会推动社会工作项目的生发及有效的循环，从而使三源流形成具有内在相互性的中心信仰指导与备选方案产出的内循环回路。在三源流汇聚之时，政策之窗开启，社会工作项目生发的决策者们可以有效地寻找到社会工作服务的主要切入点，项目决策者可以在中心循环中找到服务公众的"信仰"目标，导向外循环时，社会工作项目生发的整个过程将解决策略与需求问题直接对接（见图1-1），由此生发出高效能、精准化的社会工作项目，从而有效地在执行环节中将符合公众需求的社会工作项目进行展示并服务于需求群体，达到项目决策的精准把脉以及实施中的对症下药。

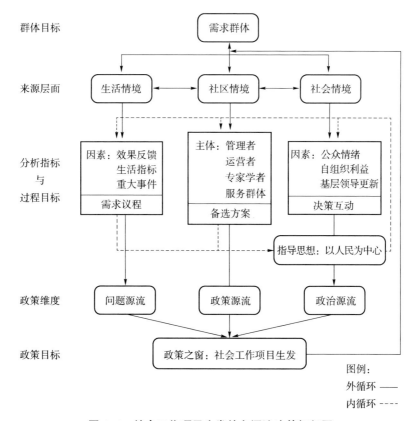

图1-1 社会工作项目生发的多源流决策框架图

一、现实情境中的问题源流

社会工作项目的生发往往是由政府、基金会或相关枢纽机构发布项目招募时社会工作机构着手制定方案。虽然社会工作机构关注目标人群、专业介入和效果评估，但为了项目的顺利中标，往往将目标锁定在搜寻解决办法的多样性，而非搜集问题的精准度上面（萨巴蒂尔，2006），其原因在于搜寻解决办法要比搜寻存在的问题来得轻快，也可生发出形式丰富的介入策略。这反映的就是社会工作机构没能明确关注到服务群体的真实需求而产生的模糊性，其根源在于社会工作项目设计者对问题源流没能有清晰的认识。问题源流就是要逐步清楚为什么在设计社会工作项目的过程中，设计者对这一问题给予关注，而对其他问题视而不见。这与问题源流产生的生活情境、社区情境和社会情境有直接的关系。对现实生活问题的关注要对来源层面进行观察、分析与思考，其中关键是要让整个社会工作项目的生产过程在制定中关注三个核心的问题来探索根源，以此达到社会工作项目生发的精准化。首先，决策者和设计者在设计社会工作项目时，第一时间产生于头脑中的导向目标必然是一些重大事件或者危机事件，事件介入的时效性、紧迫性成为社会工作项目产出的因素之一，反映出机构管理者和项目设计者对于政策情境的敏锐性，这也是导引决策者对某一问题关注的起始点；其次，社会工作机构对于某一地区深耕运营中不断积累的项目经验，以及项目执行效果的反馈，可以推进决策者和设计者对于特定问题的关注；再次，社会工作机构通过对自身社会资本所获取的某一群体的综合指标数据进行分析，进而产出社会工作项目，这是社会工作项目在运行中创意生产、扎根服务群体以及深耕区域的根本所在。这三点基本要素反映的就是社会工作项目生发的公共性特征，其中也包含了核心服务对象的个体化特征，这样就可以有效借助重大焦点事件、已有经验和综合指标来确定公共需求的精准性。在问题明确之后，随即产出的社会工作项目才能真正达成对服务对象自身能力的提升，在增能中带给服务对象自助能力的获取。社会工作项目的管理者和设计者也要善于运用自身专业价值观念和以人民为中心的信仰指导项目生发的决策过程，将现象进行归类，以此在整合条件下形成服务供给的主线条，为后期社会工作项目的执行奠定基础。

> **案例框 1-4：**
> **"无碍公服、有爱生活——老年友好型社区建设"**
> **项目生发的问题源流**
>
> Y 社会工作服务中心项目生发并非一步到位，而是一个机构管理者逐渐探索的过程，最终形成精准服务策略。在对影响项目生发的因素清晰化过程中，项目主题内容并非完全来源于机构管理者和工作人员，而是在机构督导方（B 高校社会工作教师）的全程参与中获取了影响项目生发的因素。这一因素主要来源于金登多源流框架下的问题源流，其中包含指标、焦点事件和反馈三要素，三要素对项目生发设计的现实呈现起到了关键作用，也对机构在案例框 1-1 中设想的多样性解决途径带来的迷惑进行了探索。总而言之，在理论指导下，要素的清晰化使得项目变得越发清晰。
>
> **指标**：主要聚焦在 QY 社区老年群体数量、身体功能老化的部位（肢体灵活性老化等）、居住具体楼宇的分布情况、居住楼宇建设年份、楼梯扶手老化情况等数据。
>
> **焦点事件**：主要关注老年机体退化后可能带来的安全隐患报道，以及深入 QY 社区调研时与老年人访谈得知的一些发生在家庭中和社区中的安全事件。
>
> **反馈**：主要是对本机构和其他机构在 QY 社区开展的老年家政服务、健康管理项目资料档案的翻阅、梳理和反思，关注受益对象和社区对原项目的满意度和反馈意见。
>
> Y 社会工作服务中心围绕着"问题源流"的三个要素，对 QY 社区老年群体可能需要的服务进行了项目构建的观察、分析与思考。

二、主体参与中的政策源流

社会工作项目的决策过程需要发挥共同体作用，要在需求群体的生活情境、社区情境和社会情境中寻找由管理者、运营者、专家学者和服务群体构成的项目设计、假设服务以及做出决策的共同体。要重视生活情境中重大事件、项目效果反馈、生活指标数据所产出的问题及需求。管理者强调的是对于项目生发的价值导引性以及与政策的拟合程度；运营者和设计者借助在问题源流中开展社会工作项目的经验，初步形成一组或多组具体化的社会工作项目可行方案，提交决策共同体成员组成的项目预估小组进行项目备选方案的可行性预估。项目预估共同体成员主要是机构聘请的项目分析专家，通常以政府、高校人员和专业督导为主，他们进行项目层面的分析，主要思考项目的可行性以及设计者与执行者在项目不同时段出现的先后性，来确保项目在设计、决策与执行中的一致性，以及在突发事件中机构外部运作能够根据当地的需求变化而改变项目运行方式，形成新的目标，而非坚守原有目标。随后通过多方组成的项目决策共同体进行听证和会谈，这时服务群体将会同管理者、运营者、专家学者为设计的项目执行方案提出保留与修改建议。这有利于对整个项目执行过程中的具体环节进行整合与重构，形成对问题源流中通过重大事件、项目效果反馈和生活指标数据所产出的具体化问题及需求的精准把脉，并对此开出良方，形成备选方案。这里所强调的是在社会工作专业层面要充分考虑选择有效政策导向方案的技术可行性和价值观念的可接受性，这样才能保证社会工作项目产出的备选方案能够与当地文化以及服务地域对象全方位地精准吻合，从而发挥社会工作项目生发过程到执行过程的效用最大化。

案例框 1-5：

"无碍公服、有爱生活——老年友好型社区建设"
项目生发的政策源流

Y社会工作服务中心在"政策源流"上汇聚了"机构管理者、机构项目设计者、机构项目运行者、B高校社会工作教师、QY社区书记、QY社区主任、所在街道办事处领导、老年群体代表"四方八位代表，对政策源流中呈现出的问题进行了分析与讨论。

主体	Y社会工作服务中心	B高校	基层政府	服务对象
参与人	管理者、设计者、运行者	社会工作教师	办事处领导、社区书记、社区主任	老年群体
项目生发视角	任务完成的可操作性、服务群体的可获取性、效果呈现的可视性	服务的专业性、惠及性、可复制性	对于现有政策的拟合、践行价值引领力与服务供给的可持续性	自身需要的满足、服务的持续获取和周期化运行

三、价值信仰中的政治源流

政治源流是社会工作机构项目导向中策略完善与推行是否能够真实落地的关键影响因素，这要从服务对象群体的需求出发，关注需求群体在面对项目时的情绪反应，既要对服务群体原有的共同体行动习惯进行思考，也要有效观察在项目执行中群体情绪状态在时间的推进中产生的改变，还要关注服务群体对于项目的期望增加和淡化。在自组织相对成熟的社区场域中，项目的落实还要有效地考虑自组织群体利益，因此社会工作机构在项目产出中还要有效地综合自组织对于项目执行的意见，以此形成集团资源优化，减少分歧。

项目是重构还是分散，其结果要充分考量空间中自组织群体的现实因素，以此保证空间资源的平衡。最为重要的是，社会工作机构项目的产出要与基层政府的工作目标以及进度保持协调一致，这一点在政策源流中已有体现。社会工作机构也要深入思考项目核心理念是否与基层政府的核心理念一致，这样才能有利于社会工作项目的落地实施。其中也要保证项目实施中的政策宏观性，因为基层政府领导的岗位轮换也可能导致地方服务惠民理念的不一致，造成社会工作项目产出的困境或中途的废止。多主体的理念能否有效聚焦，核心在于是否具有共同的价值理念——"以人民为中心"。当我们汇集政治源流中的"需求者情绪、自组织压力集团、基层政府领导更新"三个主要影响维度时，对于需求者情绪的关注主要是为了社会工作项目的服务内容能够与服务对象群体拟合，为其生活的幸福度提升带来可能；自组织压力集团关注未来项目落地后相互之间的资源共享以及项目落地是否会对本身存在于社区场域中的服务带来排斥，这种压力表现为共谋社区发展合作，而非自身利益彰显，目标在于组织合力惠民效应；基层政府领导更新主要是为获取不同领导对于基层建设的理念与目标，以及服务项目的走向，确保项目的生成与落实不以主体理念的差异使项目过度调整和无奈终止。因此，在社会工作项目生发的决策过程层面，要紧紧把握扎哈里尔迪斯在修复政策源流影响因素时提出的"执政党的意识形态"，我们可以将其放置在本土化中理解为项目执行的根本价值——"以人民为中心"。只有这样才能更好地使社会工作项目产出精准化服务，形成项目产出与群体需求的直接供给。在价值信仰层面上将不同主体统一到具体而明确的核心指导思想之下，这将促使社会工作项目的生发与政府"以人民为中心"的理念保持一脉相承，从而推进服务的开展。对于价值理念而言，最重要的载体就是政策，政策中的指导思想就是对于这一点的回应，也是政策变现的核心牵引。

> **案例框 1-6：**
> **"无碍公服、有爱生活——老年友好型社区建设"**
> **项目生发的政治源流**
>
> Y社会工作服务中心在"政治源流"上坚守的价值理念为"以人民为中心"，这是当下社会组织党建中的核心要义，也是社会组织践行基层政府惠民服务落地的价值指引。落实到"无碍公服、有爱生活——老年友好型社区建设"项目生发中，就是确保服务群体的利益，以及由此带给公众的公共共享性和生活服务的惠及性，这一点所体现的就是项目对于服务群体福祉获得情绪的关注。与此同时，

> Y社会工作服务中心汇聚了QY社区中的自组织机构，来寻找资源共享的可能性，并了解后续服务项目的推出对于自组织自身的发展有什么样的影响。最后，Y社会工作服务中心与QY社区和所在街道领导进行项目说明，能够使项目与街道惠民发展置于同一目标下，不因未来街道、社区层面领导更新导致项目的调整抑或终止。项目生发的政治源流思考只为增大现有不同层级持续运行项目的可能性。

四、双循环中的驱动与评估

社会工作项目的生发来源于对现实情境的分析。生活情境因素的激发、社区情境主体的互动和社会情境的公共导向，形成了社会工作项目生发决策的内循环前提。在问题层面对三因素分析，落脚点是"以人民为中心"的服务理念，多主体互动交流的目标是"以人民为中心"，公众情绪、自组织利益、基层政府的价值核心是"以人民为中心"，因此，从来源层面到指标分析和过程目标再到政策维度所聚焦的核心均是"以人民为中心"。在社会工作项目决策过程走向政策之窗前，还应在"以人民为中心"的价值理念指导下，切实落实理念是否贯穿于指标分析阶段，确保社会工作项目的决策过程在核心理念的指导下，循环到指标层面，进一步检视社会工作项目生发决策中的核心价值指引。以此在政策之窗产出有效的社会工作项目决策方案，落实社会工作项目，推进项目的高效执行，精准服务群体需求，形成有效的外循环目标系统。双循环的社会工作项目生发既是项目决策的过程，也是社会工作项目生成后的项目监控过程，反映的恰恰是社会工作项目生发的决策理念和决策议程过程。

本章小结

社会工作项目生发是社会工作机构执行专业化服务供给的原点。借助多源流框架理论，在政策制定层面的三源流分析维度下，将其从宏观层面下沉到社会工作介入的公共服务微观层面，是将宏观性的问题源流、政策源流和政治源流嵌入微观项目生发的框架性策略运用。这为社会工作项目生发带来了解决需求模糊性困境的有效项目产出路径，也为社会工作项目生发的原点议程讨论、备选方案和决策互动带来了精准化生产的可能性。虽然本章以多源流框架分析的严谨逻辑作为项目生发的起点，但是在理论本身的应用转向上它却为现实社会工作项目的生发设计带来了实践验证的正确回应，可以说是在现实层面对理论进行了有效的运用，为从事社会工作项目设计、运行与营销的职业人提供一个标准议事的程序化视角，帮助他们更好地走出当前社会工作机构自我思考社会工作项目的围城。

基于社会工作项目生发的微观、精准服务目标特性，在确定服务群体对象后，从生态系统的视角拓展了项目需求的来源层面，包括生活情境、社区情境和社会情境，这三个层面的互动成为社会工作项目生发的原点，有利于社会工作项目在服务有需求的对象时能够精准化供需匹配。社会工作项目生发在指标分析和过程目标设定中强调了指导思想的作用，坚持"以人民为中心"的信仰价值目标，既是指标分析中因素与主体的价值产物，也是检验指标是否符合政府、市场、社会服务需求群体的指导思想。多元主体价值的一致性构成了社会工作项目生发的内循环结构，反映出了社会工作项目生发的细化过程。随后推进的政策之窗则成为社会工作项目生发的方案与服务群体的直接化互动，反映出了外循环的简化性，在一定程度上达到了服务的精准性。然而，多源流框架理论本身是一个在宏观视域下整合多主体的政策生发过程，自身的运行过程没有明确、清晰的概念界定，它所秉承的是将使用范围宽泛化操作，希望在不同情境中能够有效推广。

在开篇的第一章介绍社会工作项目的生发议程，就是要说明项目设计、运行是基于模糊的现实情境的。因为模糊的存在便需要在一种清晰化程序化的体系中来寻找模糊中的精准，这恰恰是社会工作项目在整个运行过程中所面临的问题。因此，本章笔者对于多源流框架与社会工作项目生发进行尝试性的分析，并借助Y社会工作服务中心社会工作项目生发议事过程的简单化案例来展现理论变现的现实意义，为后续章节将要涉及的内容阐释做好铺垫。

第二章 理论与方法：社会工作项目生发的理论支点与方法

本章从社会工作项目管理者、设计者和执行人必须具备的科学知识素养出发，以相对基础、简练和易懂的方式呈现社会工作职业人在社会工作项目设计和项目执行过程中所应掌握的基础理论和方法。第一节对需要为本、社区为本和社会生态系统理论在社会工作项目设计中的基础理论支点作用进行阐释，让社会工作职业人了解自身具备理论专业素养的重要性，理解理论对社会工作项目生发所具有的社会性、专业性、完整性、公共性和惠及性价值。第二节介绍行动研究与个案拓展所承载的方法论意义，为社会工作职业人掌握专业行动反思要义提供方法视角，进而对社会工作项目生发的科学性予以清晰认识，以此打开社会工作项目设计的科学化路径，同时为刚刚从事社会工作或者有过尝试性项目设计、执行经验的社会工作职业人解决如何使项目设计兼具专业性与现实性的困惑，弥补社会工作职业人自身经验的不足。

第一节 社会工作项目生发的理论支点

对于社会工作项目的生发、运行与营销，社会工作职业人往往更加关注项目生发的现实背景和具体指标，认为其是项目设计的情境支撑和未来实施中对目标人群服务效果和社会效益产出的关键衡量。为此社会工作项目的管理者、设计者和执行人更加热衷于依托现实情境的真实性进行项目思考并作出项目设计。不可否认的是，社会工作职业人依据经验设计出的项目具有在地化和社会化优势，但可能因过于关注现实情境，一种游戏化、娱乐化的项目服务模式会充斥其中，呈现出项目整体性不足、专业赋能不足带来的专业价值使命困境。那么如何使特定区域、特定服务群体的社会工作服务项目设计具有整体性、专业赋能性和公共普惠性，是一个现实而重要的问题。笔者通过对社会工作项目设计、执行、评估的自我实践反思发现，理论知识在社会工作项目生发中是不可忽视的关键性支点。

社会工作作为当下嵌入基层社会治理的专业方式，在人民对于自身日益增长的物质文化需求获取中提供了专业供给路径，发挥了重要作用。今天政府加大对社会力量的培育，看中的就是社会工作在构建和谐社会、化解基层矛盾、递送服务方式所带来的专业使能。为了彰显社会工作在社会效益与福祉递送中的价值，社会工作项目的设计便被作为凸显价值的起点。要想设计好社会工作项目，就需要对服务区域进行选择，对服务对象进行甄别，对服务内容进行设定，以综合治理成效进行思考。专业的社会工作项目生发恰恰是作为回应政府和人民对于美好生活目标实现而采取的具体策略。想要策略精准，就要知道服务对象需要什么，他们自身的优势是什么，服务产品将会对服务个体以及与其共同生活在同一场域中的群体带来何种公共惠及性，只有这样才能将服务对象个体、社区、社会构建在一个社会工作项目框架体系中，形塑出美好而和谐的真实生活状态。因此在理论层面本节将为从事社会工作的职业人展现需要为本、社区为本和社会生态系统三个理论，阐释它们作为社会工作项目设计与运行基础理论的价值意义。

> **案例框 2-1：**
> **"无碍公服、有爱生活——老年友好型社区建设"**
> **项目生发的理论指引**
>
> Y社会工作服务中心是B高校的社会工作实践教学平台，其社会工作项目设计的理论支持主要来自B高校社会工作教师，这既是校社合作中高校教师对于理论变现、指导实践抑或验证理论的一种自身专业思考，也是弥补社会工作机构在项目设计与运行中对于理论支撑服务意识薄弱的智力支持。两主体均从服务对象需要出发，这是因为对于需要为本的理论指引已经在社会工作专业化道路上内化在了每一个职业人的设计理念之中，从需要为本的个体需要满足上升为具有区域群体共享的项目福祉，便使社区为本理论在指引项目设计的理论深度上更加具有了现实意义，以此作为项目在执行后兼具精准与共享的社会效应产出带来关键性支撑。这也是理论在项目生发中的重要作用和价值意义。
>
>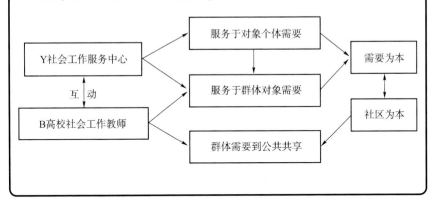

一、需要为本的精准服务递送定位

需要是社会工作项目能够进入项目管理者和设计者视野的原点，只有了解到服务对象的需要才能精准定位社会工作项目。服务对象不仅是其中的某一个体或者一个看似庞大的群体，而是以这个群体为核心所延展出的多元主体，简单地说还包括个体所在的家庭、社区等空间主体，以及服务发包方、资源供给方等资源配比的主体。只有将项目多元服务主体的需要一一厘清才能真正生发出好的社会工作项目。当然项目设计者还要把握住多元服务主体中的直接服务对象，探寻多元主体之间共有抑或递进的需要的交叉点与延展线，便可寻找到需要的共性和未来持续供给的内容，彰显出社会工作项目基于服务带给社会的效益。

需要是人类行为和互动的前提（多亚尔、高夫，2008）。满足需要是人类一切行为活动的内在动力，规定着实践活动的目的、内容与手段（邓姗、吴远，2013）。社会工作项目作为一种需要供给的手段，满足有需要的群体。马克斯·尼夫（Max Neef, 1992）认为人类需要必须被理解为一个系统，即人的需要都是相互联系、相互作用的，其中蕴含着社会性。社会性是从需要到需要满足的本质特性，需要的主体即是从事社会实践活动的人，也是存在于一定的社会关系中的，需要的产生和发展离不开一定的社会关系和社会条件，需要的内容和满足方式也受到社会条件的制约和影响（邓姗、吴远，2013）。需要满足必须在人与人之间的社会联系和社会实践活动中得以实现，不存在脱离社会关系的抽象的需要，需要是在社会整体系统语境中得以呈现的（邓姗、吴远，2013）。因此，需要在生产活动中变化，也在生产劳动中满足（姚进忠，2019），从需要到需要满足的过程也就具有了共存性、互补性和权衡性的特点，体现出的是需要的本位效应。

需要与满足物之间不存在一一对应关系。一个满足物可以同时满足不同的需要，相反，一个需要的满足可能要求多种满足物，而且这些关系并不是固定的，会根据不同的时间、地点和情况有所改变。在设计社会工作项目时，这一点就能为项目服务内容设计的多样性带来支撑。所以研究需要理论的学者对于需要类型化研究一直持续跟进，目标就是在需要与需要满足之间寻找更为清晰的对应路径。马斯洛需要层次理论是对人的需要及其结构的考察，聚焦在个人心理层面，单纯从人的生物本性视角来探讨需要问题，这一点对于个体服务对象很重要，有利于服务供给的精准性，但忽略了诸如生产力水平、社会条件、历史背景等一系列客观性因素在需要产生及其发展过程中所起到的关键性作用。所以社会工作项目设计中核心关注的应该是以个体为中心的群体需要和美好生活实现的社会需要。当社会工作项目的设计者和执行人对需要理论有了这样的了解，此时在探寻服务群体需要时也就拓宽了由微观个体到宏观现实的视野。

多亚尔和高夫将需要分为基本需要（Basic Needs）和中介需要（Intermediate Needs），指出了决定个体需要满足水平的满足物是生产出来的需要满足物的总量、构成和质量（多亚尔、高夫，2008），有效将基本需要和中介需要内在关系予以连接，通过对满足个体需要的分析，折射出环境系统中各种满足物作为中介需要促成的需要满足目标达成。但是从需要到需要满足的福利获取过程来看，不同阶段的需要与需要满足具有阶段特性，基于此布拉德肖（Bradshaw，2013）针对社会福利服务的研究，将人类需要划分为四种类型，即感觉性需要、表达性需要、规范性需要和比较性需要，从谁的需要、需要什么、怎么提供、满足感如何获得的起始点到目标点，清晰地呈现了从需要到需要满足的现实过程以及过程中的行动反思，传递出马克思主义实践哲学的意味，强调了社会工作项目专业使能者从需要到需要满足过程中对日常生活问题的深刻批判与持续反思，目标在于提高职业者的价值判断和价值选择能力。这为社会工作职业人在地化执行社会工作项目做出多元指引，使其更好地运用自身职业能力素养，将专业价值的核心引领力寄予项目实施的情境中，呈现社会工作职业人所具有的多元角色特性。

以社会工作项目作为构建基层社会福利治理的一种治理样态，需要借助更多主体优势来满足各主体的需要获取，因此选择从需要到需要满足作为社会工作项目生发的起始点和落脚点，是实现社会工作项目目标效果的内在逻辑，体现的是从服务原点到目标效果的福祉递送关怀。服务原点是以广大人民群众的根本利益为中心，满足群众需要，增进全民共建共享。服务对象的需要满足是中国本土社会工作模式建立的至高无上原则（彭华民，2010）。需要往往在自我层面、集体层面、环境层面三种情况下被满足，满足的质量和强度、水平和情况，都将取决于时间、地点和环境（Max Neef, 1992）。当下社会工作项目是基层福利递送的一种专业承载形式,其出发点就是对于项目服务对象的精准服务,达到对服务对象自身需要的满足,目标在于提升自我应对困境的能力,进而构建和谐、共享的基层治理格局,实现人民对于美好生活的期许。

案例框 2-2:

"无碍公服、有爱生活——老年友好型社区建设"
项目生发中需要为本的理论运用

Y 社会工作服务中心在聚焦直接服务群体时,是以老年人个体需要满足为核心,通过机体功能性分析,获取群体需要并延展到 QY 社区老年群体、家庭成员以及生活在同一空间中的居民,达到项目生发后服务可能带来的共享。Y 社会工作服务中心在着重思考直接服务群体时,也对项目服务的多方主体需要进行了厘清式需要析出问答。

理论运用	需要析出自问
需要层次理论	老年个体的需要是什么?
基本需要与中需要	老年人安全需要有哪些?安全需要满足是怎么做的?
感受性需要、表达性需要、规范性需要和比较性需要	其他社区为老年人安全做了哪些,好的做法是什么?
	作为项目落地社区,在项目执行后社区获得了什么?
	社区项目为作为项目执行方的社会工作机构带来了什么?

在当前借助社会工作项目构筑和谐社会的创新方式下,需要立足基层社区实现共建共治共享目标。社会工作机构设计的社会工作项目当下已经成为实现人民美好生活的可行渠道,然而,现实情境是服务项目成效中的公共性、共享性未能使民众体悟到强感受性。民众的需要满足在于社会工作项目能够实现更多人的福祉,并让具体服务内容在一定周期内具有持续的惠及力;社区的需要满足在于运用社会工作项目提升社区

治理能力和治理效能；社会组织的需要满足在于社会工作项目的有序、良性运行，以此彰显社会工作机构在社区治理体系建构中是不可或缺的主体力量。在将社会工作项目嵌入基层社会治理的创新模式下，要想达成各主体在基层社会治理中自身所想要获取的目标，需要充分发挥社会工作职业人的专业能力，利用社会工作项目本应具有的专业性与社会性二维特征，实现作为精准治理施策人的角色功能。在需要到需要满足的过程中，只有通过分析因功能性缺失带来的需要共有取向、服务设计与执行的共享普惠和治理效果的公共外显，才能带给各主体对于服务项目持续惠及性的强感受力。这一部分将需要到需要满足的理论与基层社区治理相结合，就是让社会工作职业人能够更加清晰地理解需要对于项目设计和运行的作用价值，这对于社会工作职业人在撰写社会工作项目申报书或者进入实地开展前期需求调研具有现实指导价值，也将助力社会工作项目在落地后的效能彰显。

二、社区为本的服务共享惠及价值

社会工作项目的生发需要在特定的场域中寻找特定人群，以此将社区和人群作为项目生发的服务对象媒介。"社区"的复兴被认为是解决当今许多最紧迫社会问题的一剂良方（Murphy，2014；Yan，2004）。从滕尼斯的"共同体"释义到当下中国语境中的社区，其在个体（家庭）与社会之间的联结性有效化解了二者之间的张力。社区作为基层管理体制和社会整合机制的基础单元，承载的是作为地域性生活共同体（王铭铭，1997）实现人民美好生活的在地化释义，也是自上而下和自下而上相结合治理共同体效能彰显的重要场域（谈小燕，2020）。学者对社区的论证是把其作为研究其他主体的一个具体而独特的场域，把它当作有着积极意义、客观存在的实体或实体性概念，借以阐释普遍的互惠关系，从而更好地理解问题（肖林，2011）。

由此可见，社区发展也就成为社会工作项目生发的目标之一，社区发展的目的是动员和教育社区内的居民积极参与社区和国家建设，充分发挥创造性，与政府一起促进经济的增长和社会的全面进步。徐永祥（2012）在《社区发展论》一书中，结合我国近些年社区治理的经验，将社区发展界定为"将居民、政府和有关的社会组织放置在社区场域中，通过整合社区资源、发现和解决社区问题、改善社区环境、提高社区生活质量，进而塑造居民的社区归属感和共同体意识，加强社区参与，培育互助与自治精神，增强社区成员凝聚力，确立新型和谐人际关系，推动社区全面进步与发展"。社区发展含义的内在透露着社区发展具有服务共享的普适性、服务供给主体的多元性，以及社区发展目标与任务的全面性和过程性特征，这便为社会工作职业人生发项目提供了社区服务供给的原则与指向。

> **案例框 2-3：**
> **"无碍公服、有爱生活——老年友好型社区建设"**
> **项目生发中社区为本的理论切入**
>
> Y 社会工作服务中心在聚焦直接服务群体时，往往关注的是个体服务对象，对其生活的 QY 社区仅仅作为一个项目执行空间来认识，这一片面的认识，是因设计者对社会工作专业理论缺失而导致的服务视野窄化。B 高校社会工作教师，在思考用什么样的理论能够把服务从一个点延展为一条线甚至是一个面，便会从空间入手，这就为 Y 社会工作服务中心提出了"社区为本"理论。
>
> ★社会工作项目的实施离不开作为场域空间的"社区"，仅仅将社区作为项目落地的物理空间是可行的，同时需要把社区作为一个参与项目的主体对象来思考。
>
> ★社会工作项目执行需要不同主体参与其中，共同达成服务效果，因此社区作为资源的提供主体，在提供了物理空间之余，自身也是服务供给中的一个生命体。社区作为一个生命体在对照社会工作项目时，也需要明确知道社会工作机构在设计社会工作项目时，服务嵌入社区主体后将会给社区带来什么，会有什么样的改变。
>
> ★社会工作项目的设计需要从个体服务对象出发，也需要回应个体所在的环境，社会工作职业人要有为个体提供服务就是为其生活环境所提供服务的理念。

在基层社区治理情境中，社会工作职业人设计的社会工作项目，是个人对生活质量的主观感知和客观认识，与社区中的文化、组织和环境在很大程度上也是息息相关的（Matarrita Cascante，2010），为此社区所涉及的实际不是某个单一概念，而是一个概念丛或者概念类属（吴越菲，2019）。地区发展模式、社会策划模式、社区照顾模式就是将社区作为一个整体进行研究的，是从关于个人、社会构成、行动动机和发展变迁的假设入手来分析社区。地区发展模式关注实体发展与理念发展两个方面，通过阐释人与环境的共生性，提出社会工作职业人在促进社区发展中要具有整合型专业角色，发挥专业功能。社会工作职业人要立足社区基层群众公共利益享有的最大化效益，组织多主体参与到社区发展项目的协商与合作中来。社会策划模式在具有发展意涵之外，更加注重对于发展项目的策划管理，关注社区资源开发、基础设施建设、服务设施规划、组织建设规划和社区文化价值建设，此时社会工作职业人要具有理性技术方法在项目策划中呈现的专业能力，在确保服务质量的同时，让居民具有服务获得性，达到服务质量和服务产出效率的最大化。社区照顾模式注重非正式网络和正式网络的作用，更多强调社区的责任，提倡建立具有相互关怀的内生力和社群精神（徐永祥、孙莹，2007）。

社区是其在本体论、方法论、价值论整合基础上的一个更具有生命力的内涵，是对社区为本（Community Centered）的关注。这就为看待发生在基层社区治理中的问题，特别是社会工作职业人作为当下基层社区治理的能动主体，借自身在社会工作项目设计上寻找职业认同与服务效能，探寻到了在地化视角。作为社会工作项目生发的设计者，需要认识到社区的形成所涉及的是共同性获得，这种共同性往往是与社区情境性相联系的，情境化地理解"社区"，意味着重新集合时间、空间、人、对象以及感觉和知觉来理解社会性（MacIver & Page，1961），突显个人与社会的互构共变（郑杭生、杨敏，2010）。正因个人问题与其身处社会环境存在相关性，社会工作便应着重于环境的改造（阮曾媛琪，2000），在致力于整体环境改变的同时，带动人的改变（朱健刚，2011）。

社区为本表现为本体论层面的"共同体取向"（吴越菲，2019），方法论层面的"中观路径"以及价值论层面的"公平精神"（文军，吕洁琼，2021），将三个层面有机融合，是社区为本的内在维度勾连，因此，以社区为本的基层社区治理采取的便是"整合社会工作"方法（张和清，2016），强调以专业服务与项目管理相结合的方式呈现治理效果。此时社会工作职业人作为一项制度被置于社会工作项目的生发与运行中，其目标是服务于生活共同体的社区，助推社区的整体发展。这便需要社会工作职业人发挥职业素养，通过共同体取向的需要整合、共享普惠的服务产出和公众参与的精神培育三项情境专业行动能力，彰显社会工作职业人依托社会工作项目在基层社区治理效能产出中的主体与要素价值。

共同体取向的需要整合要求社会工作职业人以个体为切入点走向以整个社区为基础，建立不同利益主体之间的持续谈判，让各主体利益在战略上和语境上相互竞争，并在与当地和个人关注的问题上形成共识（Yan，2004），把民主参与、个人自由、公民权利和生活质量等问题聚焦在社区层面（Leonard，1997），借社区公共议题作为基层社区治理的突破口，综合运用宏观、中观和微观层面的各种专业及其本土化的助人自助与能力建设方法，与社区、社会组织、居民合力解决民生需要等社区问题，重建社区感与可持续生活（张和清，2016）。此时的共同体是对地缘共同体的构建，并试图在此基础上寻求精神共同体构建的可能。

案例框 2-4：

"无碍公服、有爱生活——老年友好型社区建设"

项目生发的公共议题寻找

在资料框 1-5 中呈现过项目决策时可能涉及的各方主体，他们会成为在社会工作项目设计过程中寻找最为重要公共议题时的关键力量。Y 社会工作服务中心在公共议题寻找时也要借助资料框 1-5 中的参与主体，以参与协商、多元视角聚焦 QY 社区的共性议题。在社区议题明晰后，Y 社会工作服务机构的共享普惠项目也就有了生发的方向，公共议题基本在多主体的互动中就能够有效确定下来。

主体	Y社会工作服务中心	B高校	基层政府	服务对象
参与人	管理者、设计者、运行者	社会工作教师	街道办事处领导、社区书记和主任	老年人
项目生发视角	任务完成的可操作性、服务群体的可获取性、效果呈现的可视性	服务的专业性、惠及性、可复制性	对于现有政策的拟合、落实与价值引领与服务供给的可持续性	自身需要的满足和服务的持续获取周期
关注议题	以最小的投入产出具有社会效益的项目	老年项目应具有的精准与共享特征	如何打造老年友好型社区	居家生活与公共生活的安全
共性议题	老年友好型社区建设对公共议题的释义：老年人是聚焦主体；社区是拓展主体；友好型社区建设有政策支持，有可视化成果；项目执行主体投入小、社会效益大；项目成果为精神文明践行带来延伸基础			

共享普惠的服务产出关键在于发现社区有什么、共同议题是什么以及关系性动力带来的利益共同体价值呈现，直接体现"适度普惠"的社会福利体系建设要求（杨荣，2014）。其根本在于社会工作职业人在专业价值指引下，以社会工作项目设计的共享性和公共性发挥整合者功能，传递增能服务的价值理念，不只聚焦于对个体社会功能的修补，而是试图寻找个体需要的功能性缺失，并与其所处社区共同体在社会整体发展中所需的均衡化增能服务相结合，不因岗位角色的多元而产生价值偏差，呈现的是专业价值与服务的整体性。

公众参与的精神培育在于提高社区居民的主动性和公共参与意识，

促进社区的持续更新（殷妙仲，2015）。它起始于对民众应有的公共理性塑造，将参与公共生活的日常体验作为自身或服务对象公共精神培育的实践倡导，在服务实践中对共同体的认同感和归属感予以强化（彭善民，2013），在行动参与中生成公共生活的基本规则与关于社会基本结构的正当性共识，以促进公益、维护公民之权益（李海青，2008），在项目执行中建立一种基于共生理念的公共性（黄锐，2015），公共性的持续生产是实质性参与的基础（李友梅，2017）。因此，在社区为本下探讨社会工作项目的生发与运行，就是为了让社会工作职业人在社会工作项目的设计中彰显自身所具有的职业能力，就是对"社区研究"中"见微知著"的"透视"功能作用发挥（肖林，2011），焦点在于立足"社区为本"的基层社区治理来生产出有社会效益和福祉感受性的社会工作项目，让项目本身具有普惠功能性，发挥出在治理效能中的价值与作用。

这有利于社会工作项目的生发与运行由微观介入分析走向宏观福祉递送的效果外显，此时考虑的便是社会工作项目本身对于特定区域中人们的惠及性，这就很自然地将被人诟病为微观服务的社会工作的服务效果予以放大，能够有效将社会工作机构在项目设计中的微观服务对象需要与基层政府的政策目标凝结在一起（见案例框2-4），为服务群体、为社会彰显出社会工作项目本应在基层社区治理抑或实现人民美好生活目标中所具有的价值。

案例框2-5：

"无碍公服、有爱生活——老年友好型社区建设"

项目生发可能带来的梯度志愿服务队伍和价值感悟

Y社会工作服务中心在"无碍公服、有爱生活——老年友好型社区建设"项目中，可以调动社区老党员、辖区学校学生作为项目的志愿者，在参与项目过程中培育自我价值，此项目的执行也为党建项目留下延展空间。

三、社会生态系统理论的结构特性

社会工作项目的生发在于服务特定情境中的群体，情境结构作为服务对象生活的复杂场域，也就成为项目生发中必须予以关注的变动性因素。情境并非平面化的简单呈现，而是立体网状联结的复杂化交织。因此社会工作职业人需要具有对社会情境结构分析的能力，这种能力的获得需要社会工作职业人对社会生态系统理论具有一定的了解，才能够真正内化到社会工作项目生发的机理之中。

最早提出社会生态系统理论的学者是美国学者尤里·布朗芬布伦纳（Urie Bronfenbrenner），他将生态学的知识引入人类行为的研究中。他认为在理解个体行为和发展时，必须对个体所处的整个生态环境加以考察，强调多维度、多层面以及个体所处情境的复杂性，注重人与环境间各系统的相互作用（师海玲、范燕宁，2005）。按照个体与成长的生态环境互动频率和亲切程度，可以将生态环境分为四个层级，即微系统、中间系统、外层系统和宏观系统，这四个层级又同时构成了一个形似同心圆的结构（邵志东、王建民，2013）。查尔斯·扎斯特罗（Charles H. Zastow）把个体的社会生态系统划分为微观系统、中观系统和宏观系统（Macro system）三个层次。他指出，微观系统是指处在社会生态环境中看似单独的个体，既是一种生物的，更是一种社会的、心理的社会系统类型；中观系统是指与个体直接接触的小规模群体，包括家庭、朋辈、职业群体或其他社会群体；宏观系统则是指比小规模群体更大一些的社会系统，包括文化、社区、制度、组织和政府等。

在扎斯特罗的生态系统理论模型中，一方面，作为微观系统的个体是与其他各生态系统互动的主体，三层系统之间存在着多元互动的关系；另一方面，微观系统内部生物、心理和社会系统也处于相互作用中（扎斯特罗、柯斯特-阿什曼，2006）。社会生态系统作为一种复杂适应系统，通过不同系统间的非线性关系寻找主体间的适应性，吸收多层级突现的下向因果关系，更好地发挥系统间互促效应。社会工作职业人对于系统中结构互动的清晰化认知，将有利于分析处于系统中的每一个个体与系统之间的关系，可以更好地聚焦个体，也能够运用全视角来分析个体与环境互动的整体特性。

案例框 2-6：
"无碍公服、有爱生活——老年友好型社区建设"
项目生发的社会生态系统理论迁移运用

Y 社会工作服务中心在"无碍公服、有爱生活——老年友好型社区建设"项目中，通过聚焦老年群体，在与高校社会工作教师、社区管理者和服务对象的互动中，社会工作服务项目设计者将扎斯特罗生态系统理论框架运用到项目的生发中，旨在为项目需要分析和后期项目执行获取更高拟合度寻找理路支撑。

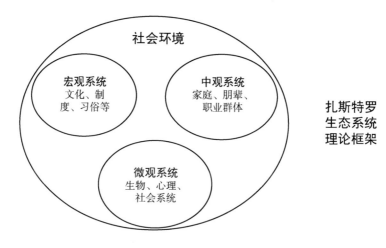

社会环境	项目设计中的理论迁移思考
宏观系统	项目设计到执行想要在社会中营造何种氛围？传承什么？构建什么？
中观系统	老年人需求是否是其家庭、伙伴、邻里的需求？共同作用于项目后将会产生什么效果？
微观系统	为什么关注老年个体三维（生理、心理和社会）特征？

社会工作职业人需要把社会工作项目最初关注的核心群体放置在社

会生态系统理论的基本假设中来看，明确每个人自生来就有与环境系统互动的能力。人与环境的关系是互惠的，个人的意义是环境赋予的，要理解个人，就必须将其置于其生活的环境之中；个人的问题是生活过程中的问题，对个人问题的理解和判定也必须在其生存的环境中来进行（赵金子、周振，2014）。社会工作职业人在分析思考服务对象需要时，就要从微观到宏观的内核向外延层层递推。微观系统是指影响个人的生理因素和人格特质因素；中观系统是指个体所在的小规模群体，包括家庭、学校等群体组织；宏观系统是指一种广阔的意识形态，例如文化、宗教、习俗、国家政策制度等。微观系统、中观系统和宏观系统构成一个大的社会生态环境，共同作用于某一个体或群体，有学者将这一生态环境又做了具体归类，即滋养性环境和不友善环境。滋养性的环境能在适当的时刻和方式下，提供必要的资源、安全与支持给个人。不友善的环境则缺乏或扭曲了资源支持的提供，因而阻碍了个人的发展（张璐璐，2013）。社会工作项目在基层社会治理创新中的运用，使政府看到了社会工作项目背后执行人所具有的专业价值，因社会工作专业价值的良善、普惠、增能、和谐共生等特性，在一定程度上塑造了滋养性环境。

日常生活环境是一个复杂的系统，存在着多元主体间的互动，为了适应主体间的行为，便产生了应对复杂系统的行为。每个人都有与其所处环境系统的互动能力，要理解个人复杂行为，就必须将其置于生活的环境中进行考虑（赵金子、周振，2014）。社会工作项目作为基层社区治理的一种专业承载，在服务供给中需要处理复杂系统中的问题。社会生态系统作为一种典型的复杂适应系统，表现为主体之间、主体与环境之间的非线性和适应性相互作用，关注人类在与环境以及社会的复杂适应性中发挥的作用，关注可持续发展的实践和治理模式，强调多边协同的多元主义的治理思想（范冬萍、何德贵，2018）。

社会工作项目作为基层社区治理的承载体，需要在治理中考虑社会生态系统理论所阐释的环境高度不确定性和人类知识的不完备性，以及因模糊性带来对于解困或者增能服务的需要。因此将社会工作项目的生发放置到生态系统理论下思考，就是要求社会工作职业人能够具有一种动态的服务策略视野，审视社会工作项目在面对不断调整的制度时，可能会伴随着由于资源使用和分配等问题导致的冲突出现。社会生态系统理论的适应性治理，将发挥内部系统的弹性缓冲，力图兼顾各利益相关者，通过基于现有政策的分析和利益协调机制达成共识。这里的相关主体并非所处环境中在政府与部门中表现出的自上而下的关系，而是一个在社区层面横纵交错的主体互动，聚集了从微观层面、中观层面和宏观层面中所包含的各种要素与多元主体。它们在社会工作项目生发中具有较强适应性的勾连作用，因为复杂、纷乱所以需要项目设计者能够站在主体抑或主题上，保持设计所围绕的主线足够清晰，才能将复杂、模糊的现实变得清晰，最终为服务主体找到一个适应环境的可行服务供给方式，将服务递送的环境转变为一种滋润性环境。

> **案例框 2-7：**
> **"无碍公服、有爱生活——老年友好型社区建设"**
> **项目生发的复杂情境与服务主线析出**
>
> Y社会工作服务中心在"无碍公服、有爱生活——老年友好型社区建设"项目设计中简单析出项目服务主线，主要是从微观系统、中观系统和宏观系统进行分析。
>
> ★微观系统注重直接服务主体老年人的生理、心理和社会三维特质分析——聚焦"功能性"（这是微观系统生发项目的关键起点）——以明确服务对象需要来生发项目有利于将个体需要上升为群体需要。
>
> ★中观系统注重间接互动主体，抑或称之为间接服务群体或者间接服务参与主体。在中观系统中的多元主体分析就是一个复杂的日常环境系统，涉及的群体包括家人、邻里、朋辈、职业群体等，他们对于服务的需求均有各自的利益思考，这就需要寻找需求最大公约数。（这里的最大公约数指的是具有公共共享惠及性的项目服务。）

★宏观系统注重项目设计所要依托的政策制度、道德文化和风俗习惯的交叉点和重叠面，在服务社会效益的彰显度上能够回应政策导向、文化道德和风土人情中的情与理。（全国老龄办发〔2016〕73号《关于推进老年宜居环境建设的指导意见》的下发，说明政策在宏观系统中已形成，目标在于回应敬老为老的文化，带来的是具有行动张力的项目生产。）

借助社会工作项目的设计达成对基层社会治理效果的呈现，需要对社会生态系统理论各层次进行分析。人与环境的互动是在特定规则和渠道上运行的，要关注高层级对低层级的下向因果作用，也要注重低层级对于高层级的上向意见反馈。但在现实的社会工作项目设计中，出发点虽是服务对象的需要，但在具体落实项目方案时，自上而下的下向因果作用往往大于由下而上的反馈。只有社会工作职业人尝试性地探寻上与下的交叉与重叠，才能带来项目供给的最优设计思路。虽然每个层级系统已经有了清晰的内容界定，但是作为中层系统中的每一个主体，他们是构成联动微观到中观再到宏观的跨层级多元主体，社会工作项目管理者、设计者和执行人是这个系统中关键的调节和控制主体，其项目设计的好坏与否，反映出的是利益资源最优化配置的重要契约呈现，社会工作项目设计中一连串假设、调整与分析就是在一种不断学习适应变化过程中寻找增强治理弹性的治理模式。

第二节　社会工作项目生发的方法

对于社会的观察与思考，我们往往是从自己与他人的互动中得出关于人和社会过程的结论，但有时我们会忘了我们的经验是有限的（钱布利斯、舒特，2020）。社会工作项目的生发需要设计者运用一定的科学方法进行前期准备，这样设计出的项目就会具有精准性和逻辑性，再配以社会工作知识的专业性，以及开服务所需的某一领域专业技能，就能够在一定程度的科学性和严谨性中设计并实施项目。这种运用科学方法设计出的社会工作项目,也为不同情境中的社会工作职业人移植项目进行复制检验和评估提供了前提。社会工作项目主体与服务内容的寻找主要来源于对项目中涉及的利益相关者的态度和行为的分析,并相信据此可以分析出项目设计和执行中有意义和有价值的内容,为未来社会工作项目主题确定、服务内容清晰、目标确立、服务周期化运行等方面带来情境合理性的观点和执行文本方案。如果社会工作职业人的方法意识强,就会用社会学研究方法中的描述、探索、解释和评价形成学术研究成果,提高社会工作项目落地的可行性。

借助一定的方法可以解释"为什么"这种服务项目的供给可以满足服务群体的需要,实现政府政策的转化,也适宜解决"怎么办"才能实现项目假设过程到执行过程的目标,其中最为关键的是,会为社会工作项目设计后的执行建立起融洽、和谐的关系,形成良好的氛围。鉴于本书的写作目的是为初次进入社会工作领域的职业人提供一个社会工作项目生发、运行与营销的专业指南,因此提供一定的学理方法和经验方法介绍是不可或缺的。对于社会工作项目生发可用的方法在此仅做简单的介绍,发挥方法对于项目生发的作用,为今后可能涉及社会工作项目的社会工作职业人在此基础上展开对项目要素的分析和解释。社会工作项目执行人能够从服务对象的视角出发,了解其需要和对服务的看法,搜集、把握社会工作项目设计与运行的走向,为服务对象以及更为广泛的参与主体提供精准服务并产生社会效益。接下来本节将对项目设计前期为生发社会工作项目而获取服务对象需要或者服务领域需要的方法进行介绍,并对正在执行的项目或已经完成的项目如何促使社会工作职业人具有行动反思的方法进行介绍,为社会工作职业人生发优质项目带来一些专业可行的方法展示。

一、基本方式与具体技术

社会工作项目的设计需要设计者对未来可能成为项目服务的群体在当下生活有一个客观公正的认识,如何认识就需要社会工作职业人具有一定的研究方法论视角,方法论所涉及的是规范一门学科的原理、原则和方法的体系（风笑天，2013）。作为社会工作项目设计，它并非一门学科，但它是社会科学体系中的一个部分，因此按照社会工作所应有的学科原理、原则和方法体系对社会工作项目进行设计是必要的，也是必须要有的专业能力，体现的是一种专业素养。

开展社会工作项目设计，需要对某一群体或者某一事件，以及某一区域的社会现象性质进行分析，这样能够更好地理解社会。当然，紧紧把握好社会工作理论对于项目可行的迁移与支撑也是不可或缺的。这样可以做到对社会工作项目设计在未来执行过程和执行结果上的客观认识，有效将社会工作项目设计者所具有的社会工作助人自助价值与项目应该具有的增能、福祉传递价值保持一致，有利于社会工作项目由设计初衷到预设目标的实现。接下来笔者将站在社会工作项目设计与运行的视角上进行研究方式的介绍，以最为简洁的语言为从事这一工作的职业人带来项目设计前、执行中所能够运用到的方法和技术工具的介绍。

社会工作项目设计的研究方式是指在项目设计中对于服务对象需要以及对背后所蕴藏的社会现象和问题清晰化所采取的具体方式。从风笑天（2013）在社会研究方法教程中对基本方式的介绍来看，社会研究方式主要包括调查研究、实验研究、实地研究和文献研究四种。从笔者对于社会工作项目设计、执行、评估的实践反思来看，实验研究通常需要对因变量进行两次相同的测量。因此，同一类项目开展两次及以上便可以对项目中的因变量进行比较分析。对于全新社会工作项目的设计，这里主要对社会研究中的三种基本方式进行简单介绍（见表2-1），让社会工作职业人对此有一定的了解和认识。

表2-1 社会研究的基本方式

研究方式	子类型	资料收集方法	资料分析方法	研究的性质
调查研究	普遍调查、抽样调查	统计报表、自填式问卷、结构式访问	统计分析	定量
实地研究	参与式观察、个案研究	无结构观察、无结构访问	定性分析	定性

续表

研究方式	子类型	资料收集方法	资料分析方法	研究的性质
文献研究	统计资料分析、二次分析、内容分析、历史比较分析	官方统计资料、他人原始数据、文字声像文献、历史文献	统计分析、定性分析	定量、定性

资料来源：风笑天. 社会研究方法［M］. 4版. 北京：中国人民大学出版社，2013：8.

（一）调查研究

调查研究是通过对标准化问题的回答，从调查个体中收集信息，具有高效性、普遍性的优点。高效性是因为调查研究是一种相对快速方式，往往以相对较低成本收集大量问题数据。普遍性是由于调查中所涉及的调查对象在一个特定区域或者几个跨区域上具有广泛性。因此，社会工作项目设计中调查研究就成为收集项目主题或者项目服务对象服务需要的主要方法。那么如何编写调查问题、如何设计问卷，就成为社会工作职业人需要掌握的一样职业技能。在编写调查问题时要注重六项原则，即清晰、避免混淆措辞，偏差最小化，允许分歧，不要问受访者回答不上来的问题，允许不确定性，使答案类别穷举且互斥。在设计问卷时要明确基于现有工具、改善并测试问题、保持焦点一致、对问题排序、使问卷有吸引力的步骤，确保项目设计的精准性。

案例框 2-8：
"无碍公服、有爱生活——老年友好型社区建设"
项目生发的调查研究实施

Y社会工作服务中心在"无碍公服、有爱生活——老年友好型社区建设"项目设计中，对QY社区老年群体开展的调查研究主要基于六个原则编写调查问题，实际调查工作的开展还涉及社区管理者、街道办事处领导。

调查问题编写的原则	方法	涉及的具体内容
1. 清晰、避免混淆措辞	直接的提问方式	您的年龄？ 您现在最需要的服务是什么？
2. 偏差最小化	提供好的备选答案	为了营造更加安全的社区环境，您认为以下哪种表述更好？ A. 按部就班地推进社区环境改革 B. 自由尝试进行社区环境改革 C. 现在环境很好无须进行改革
3. 允许分歧	提供态度量表的两个方面	您觉得社区公共安全方面的服务做得怎么样？ A. 满意　B. 不满意
4. 不要问受访者回答不上来的问题	针对什么对象提出什么问题	您希望在以下哪几个空间进行适老空间优化改造？
5. 使答案类别穷举且互斥	设定选项	A. 厕、浴空间　B. 楼梯间　C. 单元坡道 D. ＿＿＿＿＿
6. 允许不确定性	理解被访者的感受与想法，可以设定一个开放式问题	未来您希望生活安全方面还要做哪些方面的工作？

问卷设计好后就可以开展调查。在调查方式选择上，社会工作职业人要对调查方式类型、执行方式、设置、问卷结构和成本进行整体评估（见表 2-2），选择适合机构的调查执行将会事半功倍。在社会工作项目生发的

调查方式选择上，分组调查、面对面调查、电子调查是常用的方式。

表2-2 五种调查方式类型的典型特征

调查方式类型	执行方式	设置	问卷结构	成本
邮寄调查	受访者	个体	结构化	低
分组调查	受访者	小组	结构化	非常低
电话调查	专业人士	个体	结构化	中等
面对面访谈	专业人士	个体或者非结构化	通常为结构化	高
电子调查	受访者	个体	机构化	非常低

资料来源：丹尼尔·F.钱布利斯，拉塞尔·K.舒特.理解社会——社会研究方法导论[M].周源，康晓玲，等译.上海：格致出版社；2020：180.

社会工作项目设计的主题确定，除了以问卷调查数据作为支撑，还需要设计者、执行人与参与服务的关键主体进行访谈。访谈主要是聚焦主要服务群体的精准服务需求和精准供给，再配以问卷调查数据来呈现特定群体和所在空间其他群体的需要，做到项目设计能够在后期执行中具有可操作性和广泛参与性，让服务更加精准，更加符合各方需要。

（二）实地研究

实地研究通常是以一个社会实体或单位作为自己的研究对象，通过观察和非结构型访谈方法收集资料。这个实体一般是个人或社区、群体，也就是以个案作为自己的研究对象（仇立平，2008）。社会工作项目的服务是要在一定区域中开展的，因此服务开展的那个区域和区域中的对象就是实地研究的对象。实地研究首先要选择调查点和调查对象，获取进入现场的资格，进入现场与当地居民建立友好关系进而展开资料收集和资料分析。具体技术采取非结构型访谈法和观察法。访谈法包括无结构访问、半结构访问，技术主要以访问准备、谈话技术或技巧、访问记录为主；观察法主要是生活观察和科学观察，包括非参与观察和参与观察两种类型。观察法在收集资料中主要遵循确定观察的客体和对象，明确目标，提出观察任务，选择观察方式，制定工作程序，进入观察现场收集资料，目标在于客观地获得资料数据，并注重被观察群体的行为，这样可以在第一手资料获取中更好地理解社会（钱布利斯、舒特，2020）。

案例框 2-9：
"无碍公服、有爱生活——老年友好型社区建设"
项目生发的实地研究方法运用

Y 社会工作服务中心是 QY 社区的落地服务机构，在 QY 社区深耕、经营期进入第三年。在"无碍公服、有爱生活——老年友好型社区建设"项目设计中，QY 社区是 Y 社会工作服务中心开展实地研究的目标区域。在社区中针对老年群体所开展的项目进行观察就是一种研究方法的运用，这一过程中所运用的观察法、访谈法技术，主要是为了了解群体真实想法和具体需要。Y 社会工作服务中心项目执行人对老年群体、社区管理者和所属街道办事处领导均进行了访谈。

参与观察类型	方法
生活观察	1. 带着群体真实需要进行观察（场所：居家、公共空间）； 2. 带着对以往执行项目的反思进行观察； 3. 带着感官和设备进行观察
科学观察	1. 设定观察提纲，明确观察性质（探索性观察、系统观察）； 2. 多听、多看、少说的反复长期观察； 3. 观察对象、观察项目、观察执行方法、观察参与群体行为

在社会工作项目设计过程中不可或缺的就是实地研究，项目落地区域的选择、服务对象的聚焦，都离不开社会工作职业人深入实地对社会现象的理解与思考。或者在一个周期内跟进社会工作项目主要设计者，在专业社会工作机构正在运行的项目中，去参与、去观察、去体会，可以在实地项目的执行中以督导的师徒制达到对项目的切身体验，在服务项目中挖掘日后项目设计的路径。这里面最为常用的方式为开放式观察和半结构式观察。开放式观察主要是在观察初期，以初步、整体、感性为主要特征；半结构式观察就需要一份访谈提纲，主要对出现在观察场域中的服务对象、项目执行人和区域管理者进行访谈。

> **案例框 2-10：**
> **"无碍公服、有爱生活——老年友好型社区建设"**
> **项目生发的半结构式观察设计**
>
> Y 社会工作服务中心在"无碍公服、有爱生活——老年友好型社区建设"项目设计中，对 QY 社区老年群体、社区管理者、街道办事处领导的访谈进行了半结构观察设计。
>
> | QY 社区的田野工作细目表 |
> | --- |
>
> Y 社会工作服务中心社会工作职业人，两人一组，分别进行独立观察，形成记录。
>
> 1. 填表人：
> 2. 观察点：QY 社区（QY 社区分为六个段，每人三个段，为后期项目执行确定区域）
> 3. 观察日期：_____ 开始时间：_____ 结束时间：_____
> 4. 描述 QY 社区不同段（段是小区中的一个区片划分单位）的具体情况。
> 5. 描述 QY 社区老年群体在做什么，社区为其提供了什么。
> 6. 描述你看到的社区项目，社区管理者和街道办事处领导做了什么？
> 7. 在观察中听到了什么？（主体之间的对话）
> 8. 描述项目执行人在项目执行中的言语行为。
> 9. 请将社区管理者对下列问题的回答进行记录。
>
> 问题：我想在社区开展老年社会工作项目，请您介绍社区是否有这方面项目的考虑。（这一点在于引导谈话，以此寻找社区为什么需要此类项目，这类项目进入为什么比其他类型项目进入更好的评论）
>
> 问题：单一针对老年群体的社会工作项目开展中，您希望项目在超越群体之外对社区达到什么样的效果？（这一点在于探寻管理者对于政策转化服务的思考）

（三）文献研究

在社会工作项目设计上，文献研究主要是对预设服务对象群体以及群体背后国家政策以及与这一群体相关数据的分析，明确社会工作项目生发的背景是否与群体当下呈现的实际情况相符，以及国家政策对于这一群体的服务导向，可以有效地在社会工作项目设计中将真实需要与国家政策转化之间联结起来，在服务群体需要时做到对社会效益的回馈。同时文献研究用于社会工作项目设计中，还需要项目设计者具有阅读项目开发所涉及领域与群体的学术文章的习惯，这样能够促进项目生发、执行后对于未来群体福利提升的政策倡导思考。当然还要查阅机构已经执行过的项目档案，通过对机构已经执行的项目比较分析，为后续项目的设计规避风险，增强社会效应，获得服务参与者和服务购买方的认同。

案例框 2-11：

"无碍公服、有爱生活——老年友好型社区建设"
项目生发的文献研究方法运用细目梳理

Y 社会工作服务中心在"无碍公服、有爱生活——老年友好型社区建设"项目设计中，对相关政策文本、区域统计数据（社区人口数据），以及本机构已经执行的项目档案进行细目梳理。

文献类别	细目与用途
政策文本	根据《关于推进老年宜居环境建设的指导意见》，主要梳理政策涉及的服务群体福利完善维度，明确政策导向
统计数据	对宏观数据、区域数据、项目落地区域数据指标进行分析，主要是了解项目开展的必要性
档案文本	项目何时在此地开展，同类项目何时在其他地方开展，项目的目标是什么，运行程序是怎样的，产生的社会效益如何

二、行动研究与拓展个案

（一）行动研究

行动研究是一种研究范式。行动研究作为一种研究范式，从认识论角度改变了实证研究独立于研究对象，强调与研究对象保持一定距离的基本观念，不再简单地把管理者当作"信息的获取对象"，而是视作具有主观能动性的参与主体，改变了传统意义上只将其视为理论执行者的观念。行动研究作为一种研究范式，行动研究者的价值观、知识和研究技能，甚至研究过程都与常规研究者有着很大的不同（李兴旺、张敬伟、李志刚、高峰，2021）。作为社会工作项目的设计者，需要具有以上所介绍的方法论基础知识，这样能够将方法论传导的范式带入项目实践，作为项目生发的有力支撑。当有了方法的支点，接下来就是在行动中形塑专业角色生发项目的过程。

作为社会工作机构中的管理者、设计者和执行人，在有了行动研究视角后，就需要把自身嵌入项目的具体情境中，这是社会工作行动中的天然属性。作为情境中的参与者，对现实的世界和群体的需要进行观察，在理论的指引下推进实践，在实践中总结、反思经验，将其作为日后指导项目生成的经验理论。那么行动研究方法论的视角如何获取，就需要了解行动研究的步骤，还需要在不断的社会工作设计到执行中去反思。当然，我们不能总以尝试后的失败，再去进行项目修订，这将或大或小地影响到服务群体在接受服务后的感受性，因此这就需要社会工作机构广纳有经验的社会工作职业人（包含督导），来完成对于初次或者经验不足的社会工作职业人在设计项目中的指导，确保项目设计的专业性、公共性和福利传达性。

行动研究的步骤经历了六阶迭代、"1+5"阶段、五阶段迭代的螺旋上升发展。六阶迭代阶段是分析、事实寻求、概念化、计划、行动执行和评价六个阶段循序渐进的过程（Lewin，1951），通过阶段化的循序渐进可以走向项目设计目标。对于经验不足的社会工作职业人，不建议用执行项目的方式来尝试获取经验，而应该采取在督导和有经验的社会工作职业人设计的项目中去体会行动研究对于项目设计的重要性。"1+5"阶段首先看中的是一个环境,对于环境的了解将成为开展在地化项目设计的起点,这一点和第一章对于生活情境、社区情境和社会情境的先期获取分析具有一致性。随后经过诊断、行动规划、评估和针对性学习形成一个循环的过程。在螺旋过程中包含了多个循环阶段,每个循环阶段包括诊断(行动前因)、计划(行动规划)、实施(行动干预或指导)、评估、反思(学习),都是相互联系、相互依赖的基本环节(张晓艳、庞学慧,2005;蔡金星,2016;张延林、冉佳森、肖静华,2013)。在多循环中逐渐解决关键问题,这一点在社会工作项目执行中给了执行者接下来项目设计周期运行的持续化推进思路。

(二)个案拓展

个案拓展是实地研究中的一种形式,也具有行动研究所强调的在循环中解决问题的作用。这里介绍个案拓展就是要给予从事社会工作的职业人一点启示,让其能够把每一个项目作为一个个案予以关注,对每一个执行的社会工作项目都能予以一种反思性科学思考。一个社会工作职业人只有具备了反思能力,才能在复杂的社会现实中真正运用明辨性思维去思考一个社会工作项目的走向和阶段目标与长久目标变为现实的逻辑关系。

反思性科学是麦克·布洛维提出的一种方法论的二重性中的一种形式,二重性亦即两种科学模式——实证科学和反思性科学——二者是共存和相互依赖的(布洛维,2007)。实证科学主张将主体从对象中分离出来,而反思性科学将"对话"提升为它的界定原则,并将参与者和观察者之间互为主体性作为它的前提假设,这在一定程度上有利于社会工作职业人对于项目在情境中的效果分析,可以将基于研究人员自身对研究问题观点的视角"理解"和基于研究对象对研究问题观点的视角"解读"有效结合。实证科学分离出来的东西,都是它喜欢的东西,受情境效应影响,例如参与者和观察者、知识和社会情境、情境和它的位置场域、民间理论和学术理论。反思性科学则是通过四项原则避免各种情境效应,反映的是权利效应。二者在原则、方法和效应上存在着不同（见表2-3）。

表2-3 实证科学与反思性科学的原则、方法和效应比较

实证科学			反思性科学		
实证原则	调查研究方法	情境效应	反思性科学原则	拓展个案法	权利效应
反应	刺激/反应	访问	干预	观察者到参与者的拓展	支配
可靠性	标准化	回应	过程	对于时空观察的拓展	沉默
可重复性	情况的稳定化	场所	结构化	从过程到力量的拓展	客体化
代表性	从总体中抽样	情景	重建	理论的拓展	规范化

资料来源：麦克·布洛维. 公共社会学［M］. 沈原，等译，北京：社会科学文献出版社，2007.

反思性科学的调整原则包括干预、过程、结构化、重建，靠的是一种嵌入性的客观性，根植在理论之中，主要是对于理论的持续思考。这一点再次证明了理论对于社会工作项目支撑的重要性。干预，不仅仅是社会科学不可避免的部分，而且是一个值得深入开发的长处。通过彼此的互动，可以发现社会秩序的性质，并传达出参与者世界中的隐秘。因此反思性科学要求干预并对其加以利用。访问不仅仅是揭示被访者真实状况的刺激物，而且是对他生活的一种干预，拓展个案法因而持有了知识设计者和知识执行者的双重身份。过程，指反思性科学要求观察者通过移动参与者的空间和时间，来揭示那些体验的意义。通过重新解读，将情境知识聚集成社会过程。结构化，强调外部环境有其自身的动力机制（布洛维，2007）。因此，场所不可能持续不变，要将日常世界看作是各种外部"力量场"形塑的结果，并同时反过来形塑对方（吉登斯，2016）。重建，强调的是从理论开始，并非寻找证据来支撑已有的理论，而是要寻找反证来深化理论，探寻的是个案对理论"重建"的贡献（布洛维，2007）。最后回到对话这一统一原则上。它要求观察者敢于参与研究主体的生活，并在社会情境内对干预进行分析；它通过展示各种社会力量的决定因素之间的关系，来揭示地方性的过程；它认为理论的"生长点"不仅存在于参与者和观察者的对话之间，而且存在于现

在已经被视为"科学共同体"的参与观察者们中间（布洛维，2007）。

对于行动研究和个案拓展的介绍，不是为了让社会工作职业人进行学术研究，而是希望借用这种学术思维核心，让社会工作项目的职业人能够在社会工作项目行动中反思，能在以个案为平台的项目中对社会工作项目进行优化思考，以一种常思、常新带动项目的更新与优化，助力社会工作项目的专业发展。

社会工作项目的生发是社会工作机构提供专业服务的起点，想要设计出优质的专业社会工作服务项目，需要社会工作职业人具有专业理论视角和方法工具。不能仅依托自我经验，需要借助从自己与他人的互动中得出关于人和社会过程的结论，去设计我们想象中的社会工作项目，因为个人的经验是有限的。需要将现实情境和支撑专业的理论与方法有效融合，在理论框架和核心内容的指引下走进服务区域，寻找服务对象，设计服务项目，以理论与情境的结合探寻可能生发的社会工作项目主题，借助科学的方法对现实空间场景中的人和事进行观察、收集资料，做好分析的准备工作，这一切为专业社会工作机构中的社会工作职业人设计出具有精准、专业、普惠的项目提供可能。

本章小结

本章从社会工作项目生发的理论支点和方法展开介绍，选取需要为本、社区为本、社会生态系统理论在社会工作项目设计中的基础性理论支点作用进行阐释，尝试以相对简明扼要的语言和现实项目案例的结合，呈现理论对于项目在设计起点的分析导引作用。需要为本是从需要到需要满足的微观个体层面进行分析，需要的分析不局限在服务对象某个个体身上，应该对可能参与项目的每一个个体的需要进行分析。社区为本是站在一个相对中观空间领域的服务共享惠及层面进行分析，探讨的是一个项目中多元主体对公共议题的最大公约数产出的问题。社会生态系统理论则是站在一个由微观系统、中观系统和宏观系统所构成的同心圆环境中分析人与环境的互构作用，从对个体的分析延伸到群体对个体的影响，以及因群体集聚形成的社会环境分析，这三个理论的渐进性为社会工作项目的设计带来了理论导引服务理路，展现出社会工作项目生发中简单易懂的理论支点效应。

  为了更好地理解社会，运用好社会工作理论支点，撬动社会工作项目给现实社会带来的美好呈现和幸福回应，社会工作职业人还要具有一定的方法论知识。社会工作在于理解社会，对社会现实情境进行反思是社会工作职业人职业能力的核心要素之一，反思需要在行动研究中聚焦作为一个个案样态的社会工作项目是因为什么样的现实情境而生发的，在现实情境中社会工作职业人运用了什么具体研究方法观察服务对象的真实需要，发现个体需要并延展于社会需要，又为何做出这样一种项目设计方案来化解社会现象。为此本节主要介绍了行动研究与个案拓展所承载的方法论意义，为社会工作职业人能够掌握反思要义带来案例与方法论关系的呈现，并对社会研究方法中的调查研究、实地研究和文献研究方法进行介绍，通过具体方法技术在案例中的运用展示社会工作职业人在收集服务对象数据，分析服务对象与多元主体供需焦点，个体与社会环境关系对于社会工作项目设计的科学性和重要性。

  本章通过社会工作理论支点和方法的介绍，旨在清晰明了地呈现社会工作理论和方法对于生发社会工作项目的作用，使社会工作职业人能够在专业理论视角和方法的指引下打开社会工作项目设计的思路，打破社会工作职业人自身经验不足导致的在社会项目设计中的局限。

第三章 规划与设计：社会工作项目生发的假设过程

规划与设计这一步工作有利于社会工作项目在具体执行过程中变得更加顺畅，会使社会工作项目从规划设计到执行的可行性增强。本章通过对社会工作项目生发的假设来对项目进行思考，可以为机构寻找到最好的竞标方案，力图为机构未来提供专业服务形成一个完整的指南，帮助专业社会工作机构在政府购买服务的竞争中获胜。经过推敲社会工作项目的假设，旨在尝试为项目后续执行探索可行路径，以此达成预期目标。这一阶段的社会工作项目生发需要充分激发社会工作生发议程中政策源流主体间的对话，借助思维构建、头脑风暴来点燃早期项目开发的引擎。在话语传达中寻找某一种或者几种备选方案，为社会工作机构确立项目。本章第一节主要介绍社会工作项目规划的模式分析，包括机会模式、测量模式和识别模式；第二节将对社会工作项目规划的政策文本、现实情境、多元主体三个方面进行目标假设，为社会工作职业人展现一种由思维到文本的项目设计思维变化过程，让社会工作职业人能够认识从理想项目设定到项目目标达成的关键任务链所应包含的核心要素，完成对社会工作项目核心要素的推演，在以社会工作项目为依托的福利供给层面实现人民对于美好生活的需要。

第一节 社会工作项目规划的模式分析

社会工作项目规划与设计在社会工作机构项目的实际执行中是一个关键的环节，这一环节是专业思考与现实情境的对话，也是将社会工作项目由创意转向具体操作的思维碰撞环节。在理想项目层面它是对项目美好蓝图所进行的勾勒，但在随后的执行层面它是项目设计者、执行人对已有政策、社会热点、以往项目评判、合作伙伴、机构战略方向和团队使能的一个综合性评估与测量环节。

社会工作项目规划首先要对社会工作机构自身所具有的机会和项目情况进行分析，在机构自身对于专业社会工作项目规划与设计有了框架与定位时，由规划真正落实到文本进行设计也就成为顺理成章之事，起码能够保证机构自身对于能为想要设计的社会工作项目带来什么助力资源了然于胸，也会更加清楚自身将要往哪个方向努力去寻找自己所缺失的资源。本节笔者将用一定篇幅从机会模式、测量模式和识别模式三个方面为社会工作职业人呈现项目构思中的自我分析。

一、社会工作项目规划的机会模式

在前面章节所分享的理论和方法基础上，在理解社会的行动中可以清晰地析出社会工作项目中的主要服务对象，在确定服务对象后，要进一步分析提供社会工作项目的社会工作机构具有什么样的能力，能够为服务对象提供什么样的专业服务项目。杰瑞·科茨（Jerry Kitzi，2001）提出包括社会价值潜力、市场潜力和可持续发展潜力的机会模型（见表3-1），该模式所蕴含的三方面潜力就可以为社会工作机构管理者提供项目产出前的自我能力评判。换言之，社会工作机构可以借助机会模式分析出自身对于社会工作项目由规划与设计走向执行是否具备前行的条件。社会工作机构需要通过对社会价值潜力中战略任务、实现结果、伙伴关系和组织效益对自身生发、运营社会工作项目予以清晰的认识；需要通过市场潜力中的用户需求、用户愿景、投资者利益、市场份额寻找社会工作机构发展的潜力和明确机构在具体业务领域的深耕；需要通过可持续发展潜力中的创意开发、成本收益比、组织能力、潜在收入、投资者利益等，能够寻找到政府购买服务以外的市场空间。借助机会模式的自我分析，社会工作机构可以综合评价自身在项目产出、执行和可持续性服务方面的供给能力。

表 3–1　机会模式的三个指标

一、社会价值潜力		
增加值	高	低
战略任务	服务/产品创造与使命一致的社会价值	服务/产品创造社会价值，但与使命关系松散或间接
实现结果	服务/产品将在使用者行为、条件或满足水平上产生显著变化	服务/产品将在使用者行为、条件或满足水平上产生最小变化或与变化无直接联系
伙伴关系	附加的伙伴关系具有协同作用，提高或增加理想结果——社会价值的概率	服务/产品具有最小的变革潜力，不会通过伙伴关系或联盟战略收益
组织效益	成功的服务/产品将会增加或产生积极的社区知觉/组织的政治支持	不成功的服务/产品将对组织的社区知觉/政治支持产生负面影响
二、市场潜力		
需求	高	低
用户需求	显示社会需求，开启机会之窗	没有社会需求的数据或其他证据，关闭机会之窗
用户愿望	显示用户利益的证据或显示其他社区类似服务的成功证据	没有用户利益的数据或其他证据，其他社区服务参与减少
投资者利益	在为类似服务的资助或政府合同中显示利益的证据或可观察到趋势	没有类似服务利益的数据或其他证据或研究结果
市场份额	显示出开放市场，几乎没有竞争	显示市场高度竞争，没有市场中竞争的利益或关系的数据或其他证据

续表

三、可持续发展潜力		
资金需求	高	低
创意开发	研发资源可用或易于获得	资金或工作时间不可用或不易获得
启动	启动成本低/易于获得资金	启动成本高/缺乏可用资源或利益
成本收益比	相对高公共利益而言，总项目成本低	相对低边际公共利益而言，总成本高
组织能力①	董事会、工作人员或志愿者能力是现成的且与潜在服务或项目一致	现有董事会、工作人员或志愿者的能力缺失
潜在收入	目标人群具有可支配的潜在收入/显示出付费能力和意愿	目标人群几乎没有可支配的收入/显示出支付最少费用的能力和意愿
组织能力②	内部结构、空间、技术等井然有序或易于根据新服务或扩张服务调整	内部结构有限或需要升级以支持现有机会
投资者利益	在三至五年内投资者利益的趋势或其他证据	投资者利益不明确或过去三至五年内有利益缩减的迹象

资料来源：KITZI J.Recognizing and Assessing New Opportunities [M]//DEES J G, EMERSON J, ECONOMY P. Enterprising Nonprofits: A Toolkit for Social Entrepreneurs. New York：Wiley, 2001；沃尔夫冈·比勒菲尔德. 公益创业——一种以事实为基础创造社会价值的研究方法 [M]. 徐家良、谢启秦、卢永彬，译. 上海：上海财经大学出版社，2019.

---

① 这里的组织能力是可持续发展中的第一个组织能力，是指机构中的人员配置和协调与服务项目保持的拟合程度。

② 这里的组织能力是可持续发展中的第二个组织能力，是指机构内部组织结构的运行顺畅程度和机构内部资源对于服务扩展的支持程度。

案例框 3-1：

"无碍公服、有爱生活——老年友好型社区建设"项目规划与设计中的机会模式自评

Y社会工作服务中心，首先通过机会模式进行机构项目生发前的自评。依照机构的成熟度，Y社会工作服务中心将增加值进行划分，形成"高、中、低"三价值段机会模式自评表。

一、社会价值潜力			
增加值	高	中	低
战略任务	专业使命下的机构发展使命		
实现结果	以增能为主要产出力的组织		
伙伴关系	项目执行共同体具有项目服务效能最大化的协同生产力（督导、资源供给、志愿者）		
组织效益		需求群体个体与社区效益能够统筹	
二、市场潜力			
需求	高	中	低
用户需求		因伙伴关系的支持能够开启机会之窗	
用户愿望	已有服务项目口碑		
投资者利益			仅有一期项目合作数据，由低转中，处于成长期
市场份额	有扎根服务开展的固定社区		

续表

三、可持续发展潜力			
资金需求	高	中	低
创意设计		因伙伴关系的支持能够获得创意培育	
启动	启动资本较低，有项目资金支持		
成本收益比	因伙伴关系的支持总项目成本相对较低		
外部组织能力	因伙伴关系的支持具有专业志愿者队伍		
增能效果			
内部组织能力		内部组织稳定，专业技术有支撑	
投资者利益			

二、社会工作项目规划的测量模式

测量模式主要是社会工作机构借助发包方的测量指标对自身合法性、社会工作专业项目可操作性进行测量，确保社会工作项目成功竞标和高效运行。发包方的测量指标涉及一个起始点竞标文件和一个终点绩效评估文件的解读。竞标文件和绩效评估文件将在社会工作项目规划设计到执行全过程中发挥规范性指引的作用，为社会工作项目生发起到前置测量的监测效果和预测执行节点的检测作用。

社会工作机构要想在竞标中获得立项，就需要对发包方项目公告的竞标性文件进行解读，将竞标文件中的每一个模块转化为制作竞标文件的监测指标，保证竞标中所涉及的文本资料都具有相应的支撑材料，以此确保竞标文本的完整性和竞标成功率。竞标文件中的测量指标包括承诺书、法定代表人身份证明、社会力量资格证明材料、商务规格响应表、社会力量申报项目基本情况表、服务分项报价表、社会力量简介、资金使用支出明细、同类项目业绩、项目实施方案、拟投入本项目的工作团队人员、质量保证措施、内控管理、社会力量认为需要提供的相关材料、采购人或采购代理机构要求社会力量提供的其他材料等十五个指标，这些指标旨在确保社会工作项目的生成具有合法性。如果竞标成功，社会工作机构管理者就要聚焦到具体社会工作项目执行规划部分，将发包方对于项目结项评估的测量指标进行前置解读。

绩效考核标准就是结项评估的测量指标。对其进行项目执行前的解读主要是为了进一步将竞标文件中社会工作项目规划的具体模块、服务内容与绩效考核标准对应，以便及时对社会工作项目设计进行调整，使之能够完全符合项目绩效考核标准，为后期社会工作项目结项做出前置考量。各地区对于政府购买服务均有自己的程序与标准，本节呈现的是基于N省民政厅政府购买服务中社区社会工作服务绩效考核标准。社区社会工作服务绩效考核标准包含承接服务机构基础信息、项目信息、组织机构建设、人员队伍建设、信息公开及制度建设、项目运行、服务完成情况及时限、受益对象确认及达标情况、受益主体满意度、相关单位评价、社会效益等十一个具体指标。与本书写作宗旨保持一致的指标主要聚焦在项目运行这个指标层面，共涉及项目领导机构、项目人员配置、实施方案、资金管理、宣传方案及形式、项目服务记录、资料保管、接受监督管理、受益对象选择程序等九个指标。作为一个社会工作项目设计者，需要对这九个指标进行细化解读（见表3-2）。在项目运行绩效评价指标中的实施方案指标对社会工作项目编制进行了说明，强调项目制定要符合实际，可操作性要强，这就需要发挥社会工作机构的专业性，对"符合实际、可操作性较强"进行指标细化，助力项目的规划。

表 3-2 2019 年 N 省民政厅向社会力量购买服务项目实施
规范性指引文件项目运行绩效评价指标

指标	说明	考评
项目领导机构	成立项目领导小组	成立项目执行领导小组
项目人员配置	配备专业的社会工作人员	配有 3~5 名及以上专业工作人员
实施方案	编制项目实施方案	制定符合实际、操作性较强的实施方案
资金管理	制定了项目资金专项管理办法和审批流程，项目资金实行单独核算、专款专用、专人负责，合理安排，不得挪作他用，报销票据须为真实票据，不得出现假发票、白条、收据等	资金使用合理、合规
宣传方案及形式	编制符合实际的宣传方案，并通过报纸、广播、印发宣传资料对本次项目进行宣传	制定符合实际的宣传方案，并通过相关途径宣传
项目服务记录	全面、真实地记录其服务运作、服务活动情况	全面真实保存各项服务记录
资料保管	将服务过程中涉及的资料妥善保管	各项资料保存完整
接受监督管理	根据服务执行情况，上报项目进展情况及有关数据报表，自觉接受有关部门和社会监督，积极配合做好绩效考评工作。	及时向购买主体及监管单位汇报工作情况

续表

指标	说明	考评
受益对象选择程序	制定了清晰、明确的受益对象选择机制，并严格按照受益对象选择程序，为符合标准的受益对象提供服务	受益对象按照标准程序选择且已公示

资料来源：2019年N省民政厅向社会力量购买服务项目实施规范性指引文件中的项目运行绩效评价指标。

社会工作机构在社会工作项目的规划设计中，要对编制的实施方案进行细致化思考。以上指标中的细化是一个考评中的宽泛体系，具有一定的宏观性，需要社会工作项目设计者将绩效考评指标转化为执行指标，并进行细化。执行指标的细化映射的就是社会工作项目规划设计时所要关注的指标，具体指标包含项目的背景、意义和必要性（项目需求调研情况），实施地域、受益对象（数量、群体、收益金额等），项目进度安排（项目主要活动内容、时间、地点和详细资金安排），项目解决的问题与社会效益等四个。

> **案例框3-2：**
> **"无碍公服、有爱生活——老年友好型社区建设"**
> **项目规划与设计中的方案编制原则与指标**
>
> 对于"无碍公服、有爱生活——老年友好型社区建设"项目的具体方案编制，Y社会工作服务中心主要是在政府购买服务竞标性文件和绩效考评标准基础上进行的，旨在确保社会工作项目规划在一个完整链条中呈现，项目内在具有规划设计的因果关系、运行周期的递进逻辑，以及未来社会效益产出的效果实现方式。这里主要呈现社会工作项目实施细化指标。

项目实施细化指标	Y社会工作服务中心具体规划思考
项目的背景、意义和必要性（项目需求调研情况）	背景来源于数据、焦点事件和群体需要，以及政策导向的指引方向；意义在于对受益主体、所在社区和社会目标的回应或者是政策目标的回应（参见案例框1-4）
实施地域、受益对象（数量、群体、收益金额等）	QY小区：老旧小区；老年群体聚居相对集中的楼宇；受益对象数量以单人服务金额与项目总经费进行测算（金额与受益对象要匹配）
项目进度安排（项目主要活动内容、时间、地点和详细资金安排）	项目模块一：无碍公服——社区无障碍出行服务；项目模块二：有爱生活——居家安全服务（执行时间见案例框4-6，资金详细安排见案例框5-4）
项目解决的问题与社会效益	这一点在第一章案例框中所呈现的分析过程就已经体现，包括适老化安全和谐生活场景构建和老年友好型社区建设

三、社会工作项目假设的识别模式

如果前面两个模式没能让社会工作职业人获取到清晰的规划与设计步骤，这里将会为社会工作职业人带来更进一步的分解社会工作项目的识别模式，进行项目文本落实前的假设推演。识别模式是聚焦个人在复杂系列事件或趋势中识别出有意义模式的认知过程，让社会工作项目管理者、设计者能够利用认知框架，将看似无关的事情或趋势点点滴滴串联起立，推导出服务中所能够涵盖的内容（比勒菲尔德，2017）。识别服务可能性，就是要对隐藏的、不被人所注意的事物进行识别，寻找可能的服务方向，以此匹配先前经验，推演出这里面所能够搭建的服务主题网络框架，在丰裕经验和强关系均存在的情况下，将第二节中的三维假设与专业相结合，转化为项目文本，作为竞标申报的核心组成部分，还要作为后期项目立项后执行的操作化指南。这里需要注意一点，就是要将识别到的关键词转化为清晰的构成要素。

彼得·M. 克特纳（2016）指出，对一个现象的精确理解要求将现象拆分为诸多基本单位。换言之就是将一个整体拆分为利于项目设计的几个阶段，这些阶段并非真正的割裂，只是为了初次接触项目的新进人员能够更为清晰地认识项目的整个逻辑框架，在一种既定的逻辑环节中让项目设计变得更加丰满。不同学者对于项目假设过程进行了截然不同的划分。美国联合之路基金会的项目使用了 4 个构成要素：输入、活动、产出和结果（United Way of America，2006）。彼得·M. 克特纳（2016）则将项目假设的过程分为 5 个构成要素：输入、过程、产出、结果和影响。本书将采取彼得·M. 克特纳的 5 分法作为项目假设过程的基本逻辑框架，为后续从假设转向竞标文本申报书的框架拟合建立奠定基础。彼得·M. 克特纳的 5 分法基本逻辑框架包括：

1. 输入——资源（人员、资金等）以及原材料（客户或消费者）；
2. 过程——与原材料共同利用输入资源达到过程性目标的活动；
3. 产出——对提供服务以及所有规定服务的完成情况进行衡量；
4. 结果——得到服务的人所获得的利益；
5. 影响——服务所带来的组织、社区或系统中发生的可衡量的变化。

以上 5 分法所带来的假设基本框架，能够为社会工作项目设计者在一个链条上对社会工作服务假设出一个全景的链条，这个链条是整合的而非割裂的，这样有助于社会工作职业人对于整个项目的执行把控。

> **案例框 3-3：**
> **"无碍公服、有爱生活——老年友好型社区建设"**
> **项目的假设性基本逻辑框架分析**
>
> 输入——确保项目所需人力、物力、资金、社会资源充沛。Y 社会工作服务中心需要对开展项目的人力资源进行核算，包括机构内

部人力（设计、协调、督导、项目宣传、执行等人员）、机构外部人力（服务落地社区、无障碍设施供给主体、媒体人）、内外部联动人力（社区领袖、志愿者）——这一点在机会模型中需要进行自我评估。

过程——适老化空间安全与公共共享安全获取路径形成。

"无碍公服、有爱生活"项目包含两个模块服务主题：空间适老化服务和居家安全素养提升。空间适老化服务包括居家厕浴空间、公共楼梯间，居家安全素养提升包括消防、电信、健康急救，目标在于将外部构筑与内在增能结合起来，构建老年友好型社区。服务原材料涉及无障碍设施和居家安全素养提升所需的改变媒介系统，包括社会企业资源供给和相关部门工作人员的专业资源下沉。

产出——作为服务项目指标的完成。

机构项目服务量化指标完成：直接服务对象的居家厕浴起立器，楼梯间双侧扶手安装完成，居家安全素养提升讲座完成三场。

社区老年友好型社区打造指标完成。 完成社区构建老年友好型社区适老化改造，形成基层治理新样态；为无碍设施提供产品空间展示平台；为居家安全素养提升中的消防、卫健、公安宣传走进社区的过程化服务执行带来统筹便捷性；为发包方委托服务项目目标成效奠定基础。在精神文明产出上，集结一支维护社区无碍出行的公共服务志愿队和党员认领服务先锋队（从社会工作项目延展到党建项目预留空间）。

结果——安心、放心、舒心。 这包括QY社区老年群体对于无碍出行的安心，家庭子女对于安全环境的放心，间接服务对象共享这一成果的舒心。社区在项目基础上有效地延展出红色服务基层培育的推进平台。委办局的专题居家安全为民带来安全意识提升。

影响——被认知、被认可。 为直接服务群体和间接服务群体带来适老化空间安全和公共共享生活；为项目落地社区带来友好型老

> 年社区建设的可能，集结一支党员志愿服务队伍，强化基层精神文明建设；为街道创新基层社会治理带来新的服务样态；为委办局的服务职能有效下沉社区提供路径，形成与居民直接交流对话的渠道；为发包方带来未来可复制性的社会工作服务模式；为资源供给方带来社会责任的有效彰显途径；媒体对于项目的报道，将会为所有参与其中的主体带来良好社会影响力，成为居民美好生活感受力传递的主体，成为城市精神文明引领与传播的新渠道。

输入在本节的机会模式中已经呈现，这里就不再赘述。过程就是对社会问题的分解，从群体所需折射出社会问题；产出在测量模式中也已简单呈现，这里就不再阐释。结果和影响带来的是对项目的持续推进和社会效益彰显。如果从这样的解释来看，似乎假设是非常简单清晰的，但在整个社会工作项目生发过程中从复杂到清晰是假设阶段存在的核心价值要义。

这里的社会问题分解是群体所需折射出的社会问题分解，假设的过程所依据的是前文章节所提及问题中涉及的指标数据，这一点是项目假设的起点，指标数据为接下来可能发现的问题提供依据，依据呈现的是一种事实，有效的事实陈述将是对社会问题的分解。分解后的社会问题因素应该包含群体、空间、现状、对策四个因素。初次接触社会工作项目的职业人，通常会在问题分析中更多聚焦在一个个体层面，这个个体层面就是常说的单一服务对象。对于单一或者特定服务对象的关注是必要的，这是整个社会工作项目生发的起点要素之一；但与此同时，社会工作职业人的关注点需要从单一或者特定群体延展出具有公共性需要和惠及性的群体公共议题（见案例框2-4），这样才能在一定的中观层面将社会工作项目由微观服务对象需要上升到具有中观视角的社区需要议题层面，对于社会的进步和公众的感受性起到正向积极作用。

案例框 3-4：

"无碍公服、有爱生活——老年友好型社区建设"项目
过程——适老化空间安全与公共共享安全获取路径形成

过程——适老化空间安全与公共共享安全获取路径形成。

"无碍公服、有爱生活"项目包含两个服务主题：空间适老化服务和居家安全素养提升。空间适老化服务包括居家厕浴空间、公共楼梯间，居家安全素养提升包括消防、电信、健康急救，目标在于将外部构筑与内在增能结合起来，构建老年友好型社区。服务原材料涉及无障碍设施和居家安全素养提升的改变媒介系统，包括社会企业的资源供给和相关部门工作人员的专业资源下沉。

个体或单一群体服务对象面临的问题	分解因素与对应文本
QY 社区三段 3 栋楼宇共有居民 108 户、298 人；60 岁以上老年户数为 63 户，占总户数的 58.33%；老年人 126 人，占总人数的 42.3%。老年人大部分腿脚不好，不方便上下楼和进出单元门	群体——老年； 空间——居家空间与公共空间； 现状——老旧小区、步梯楼宇、老年人机体功能下降； 对策——安全防护措施，启动无碍公服

社会工作项目的假设结果是对于引起社会问题的原因或者群体需要服务的原因分析后采取服务策略可能产生的结果，在社会工作项目设计之初，就有必要考虑这一关键环节，将项目作为一个整体予以看待。从原因分析到结果呈现的假设是对未来可能落地的社会工作项目的全方位思考，结果假设可以有效从结果倒推出对已经在现实层面中假设出的问题，并予以有效检验，从而寻找到两头的连接点，为起始点（原因）和结果点（效果）呈现出项目中间任务活动递进的逻辑线条，这样可以将项目从规划与设计中真正推进到项目落地执行环节。

第二节 社会工作项目设计的三维假设

社会工作项目规划设计就是要确定并定义提供服务所需要的各项构成要素。在这个阶段，社会工作项目设计者应高度明确服务对象的需要和面临的现实问题，同时也要了解服务对象希望接受何种类型的服务、开展频率以及期待的结果是什么。服务对象群体的目标意义在此时应该被项目管理者和设计者放大，作为项目精准化目标的可及与不可及而被重视，这样做的意义在于能清晰展现服务项目目标在纵向延展中的深度。

无论是社会工作领域的理论研究者、教学者还是实践者，社会工作的应用性似乎将解决问题作为主要目标，故而服务的执行被认为是社会工作项目推进的核心，在项目规划与设计时更多以生活情境经验为中心的策略化思考被写入项目中。基于服务对策的思考被社会工作职业人当成开展社会工作项目最为直观和切实的操作，这样的操作思路往往会为服务的提供而提供服务，将社会工作专业化隐没于服务之中，导致社会工作项目专业特性缺失，无法获得发包方和服务对象对于社会工作项目的认可。

在第一章社会工作项目生发的议程机制中我们可以清晰地看到，从现实服务情境来看，需要在生活情境中提出社会工作项目的规划与设计，这也是最为基础的项目策划始点，那么如何将日常生活的情境化问题上升为社会工作专业导向的服务项目，就需要对项目经验事实与社会工作专业理念的糅合进行必要的假设，针对这一点，已经在第二章的理论与方法中有了一定的阐述，这里还将进一步阐述，这将有利于更加清晰地理解社会，更好地聚焦服务对象，延展服务广度，带来执行的可操作性和专业效果的可视化，也为社会工作项目有目的的复制带来落地转化机会。这里的复制并不是社会工作项目的照搬，而是对于社会工作项目生发的理路逻辑和要素分析进行有目的的复制，这样可以达到项目生发举一反三的效果，真正让社会工作职业人获得生发项目的职业技能。

社会工作项目的设计要从假设开始，这是抛出项目主题到确定项目主题的必经之路。项目假设要从关注某一领域的政策与特定服务群体的需要开始，尝试在宏观政策中发现可能成为项目服务的线索，并与预期服务群体选择所看到的社会情境予以联系，寻找哪些主体将会成为项目生发与运行的参与者，这些参与者共同思考并实践这样一种项目是想要达成什么目标，在项目规划与设计中会采取一种什么样的假设思考。这就需要社会工作职业人具有三维假设的能力，这种能力并非社会工作教育中的科学知识素养能力，因为科学知识素养能力在此时并不能达到对于社会工作项目干预性所应具有的专业行动驱使。

一、基于政策文本的项目规划

政策对于社会工作项目的确立具有关键的指导意义。以政策产出的社会工作项目既是政府不断提升民生工程落实相关政策的有效载体，也是政策受众进行政策解读和获取福祉感受性的有效凭借。通过对政策内容的分析，厘清政策内涵指标，让社会工作项目服务于服务群体，才能做到服务的精准化供需和共享惠及性服务的产出。以政策导引出的项目假设是项目设计的关键依托，可以更好地在政策宏观指标的清晰传导下设计出具体服务项目，在惠及服务群体时，能够彰显政策带来的福祉供给初衷。社会工作项目假设首先聚焦的是政策在社会工作项目规划与设计中的重要性，但这并非有意忽略服务对象的现实需要（这一点将在下面一个部分进行阐释），而是为了更好地为服务对象需要满足寻找更为有利的服务执行保障，也为了将服务对象需要和政策导向共同汇聚到一个二者共有的目标层面予以产出，使社会工作项目具有持续性、公共性、共享性和惠及性。关于这一点我们来看案例框3-5。

案例框 3-5：

"无碍公服、有爱生活——老年友好型社区建设"
项目规划与设计中的政策导引思考（一）

在 Y 社会工作服务中心准备启动竞标 N 省民政厅政府购买服务之时，想要一改往日以服务对象群体设定微观服务的思路，这一点想法的产生主要源于 B 高校社会工作教师提出的社会工作理论从需要为本到社区为本的思路。Y 社会工作服务中心最初的项目以社区为服务对象，试图借鉴指标体系已经非常成熟的"儿童友好型社区建设指标"，所以最初的政策导引是在《推动建设儿童友好社区之儿童友好社区促进计划》的政策指导下进行的思考，其中包括了项目定位、目标、战略框架、运作模式、实施目标、实施策略、实施流程、资金来源等方面的内容，这一政策包含了儿童友好社区建设的具体指标。但 Y 社会工作服务中心所深耕的社区，主体人群以老年人居多。

这里面清晰地呈现出 Y 社会工作服务中心的管理者、设计者和执行人对于可能促进服务生发的政策敏锐性相对较低。老年社会工作本是 Y 社会工作服务中心的业务范围，老年群体又是 QY 社区最具指标性的群体。Y 社会工作服务中心工作人员正是因为政策敏感性低，才表现出了自身没有政策导引假设项目规划与设计的职业能力。

B 高校社会工作教师提出，当下社区开展的社会工作服务多数以两个群体为主——"一老一小"，缘由在于这两个群体具有参与社区服务的充沛时间，作为任务"人头"成为完成服务的关键指标。儿童并非 QY 社区的主体服务人群，那么是否可以为老年群体打造友好型社区空间的生活服务？通过网络检索未发现老年友好型社区文件（2020 年颁布了相关文件），转向思考是否能够寻找其他老年政策进行细化分析，并对政策内容尝试迁移执行（参见案例框3-6），成为机构项目生发的思路。

2020年国卫老龄发〔2020〕23号《关于开展示范性全国老年友好型社区创建工作的通知》颁布，随后，国家卫生健康委（全国老龄办）制定了《全国示范性老年友好型社区评分细则（试行）》，内容涉及：一级指标居住环境安全整洁中的评分指标3便是老年人住宅实施适老化改造的内容；二级指标出行设施完善便捷中的评分指标6便是住宅无障碍建设的内容。一级指标中社区服务便利可及、社会参与广泛充分、孝亲敬老氛围浓厚、科技助老智慧创新、管理保障到位有力便成为后续老年服务项目产生与改进的重要政策支撑与方向指南。

参见网址：http://www.cfc-c.org/view-81.html

案例框3-6：

"无碍公服、有爱生活——老年友好型社区建设"项目规划与设计中的政策导引思考（二）

B高校社会工作教师对政策具有一定的敏锐性，在联想到机构落地社区的现实情境并非儿童群体的庞大，而是老年群体的规模可观后，因此提出在政策转向上不能只关注对儿童友好社区建设政策迁移，需要寻找与老年友型好社区建设能够匹配的政策。在全网政策搜索中Y社会服务中心的项目设计者找到了全国老龄办发〔2016〕73号文件《关于推进老年宜居环境建设的指导意见》（http://www.gov.cn/xinwen/2016-11/25/content_5137617.htm），与机构服务的社区的实际情况进行比对，便想到面对老年群体需要时"老年安全"是否可以成为服务项目设计的可行方向。

2018年，Y社会服务中心对全国老龄办发〔2016〕73号文件《关于推进老年宜居环境建设的指导意见》进行政策分析。

政策模块	政策涉及的内容	项目规划假设
发展目标	到 2025 年，安全、便利、熟识的老年宜居环境体系基本建立，"住、行、医、养"等环境更加优化，敬老养老助老社会风尚更加浓厚，形成一批老年友好城市，宜居社区	老年人需要"住、行、医、养"的环境优化，营造敬老养老助老社会风尚——老年友好型社区
重点任务	1. 适老居住环境（住宅适老化改造）； 2. 适老出行环境（无障碍通行）； 3. 适老健康支持环境（医疗科技）； 4. 适老生活服务环境（老年教育）； 5. 敬老社会文化环境（社会参与支持网）	1、2、4、5 均可成为项目规划与设计中假设性的服务内容； 3 专业性较强，硬软件要求高，Y 社会服务中心自身能力不足以运行

通过对政策内容的分析，Y 社会工作服务中心发现，老年友好型社区建设的可能性。根据政策的发展目标和重点任务可以假设出具有可执行性的项目具体服务内容。主题根据老年人适老安全和老年友好社区两个方面进行界定，适老环境可以集中在居家安全和出行安全两个方面，因此老旧小区老年人住宅实施适老化改造，成为机构项目产生的重要政策依据。居家安全涉及如厕洗浴空间安全性改造，出行安全涉及地面无障碍通道和借力扶手，适老生活环境配以居家安全素养提升，敬老社会文化环境配以志愿服务培育，初步形成项目框架。此项目在 2018 年和 2019 年连续两个年度作为省级民政厅购买社区社会工作项目予以立项。

二、基于现实情境的项目设计

现实情境是社会工作机构对自己的落地社区或者特定服务区域开展项目生发、运行与营销的真实场域，是社会工作机构开展项目设计最容易获得丰富感受性需要[①]的空间，以日常生活空间作为社会工作项目设

---

① 感受性需要的获取在社会工作实践层面就是社会工作机构中的社会工作职业人通过社会研究方法中的实地研究，通过深入服务开展场域进行观察和访谈带来对于某一特定群体所处社会环境的理解。

计的假设性验证场域，主要是验证来源于政策导引的服务内容是否能够拟合现实居住场域，是否能够满足特定群体对于服务在某种程度上的需要，这在社会工作项目设计中具有较强的现实意义。政策导引和服务对象需要之间是否真实存在拟合度较强的问题，还需要社会工作项目落地社区的管理者提供服务群体指标数据进行回应，只有这样才能将社区现实情境予以呈现，推动社会工作机构在解决群体和社会关注的问题上形成能够覆盖社区需要的专业服务策略（可参考案例框2-4和2-5）。

案例框3-7：
"无碍公服、有爱生活——老年友好型社区建设"
项目规划与设计中的现实情境设计思考（一）

Y社会工作服务中心在对QY社区走访调研、摸排项目设计可能走向时，借助问卷和访谈提纲，主要关注了QY社区人口结构和社区基础设施。在访谈中获取部分数据后，又对QY社区进行数据调取，发现现实情境呈现的样态。

数据模块	具体数据特征	项目现实情境聚焦
人口结构	QY社区是Q区典型的老旧小区，现有户数3779户，常住人口8 048人，其中60岁以上老人1 834人，占总人口的22.79%	QY社区三段3栋楼宇共有居民108户、298人；60岁以上老年户数为63户，占总户数的58.33%；老年人126人，占总人数的42.3%。
	QY社区居住楼主要在20世纪80年代建成，楼宇均为步梯6层楼，社区内基础设施陈旧，楼宇单元内部公共设施缺损	从老年人身体机能来看，大部分老年人腿脚不好，不方便上下楼和进出单元门，亟须无障碍辅助设施，方便出行，增加社会参与

Y社会服务中心将对QY社区的调研结果与QY社区现有数据进行对比，得出结论：依据《关于推进老年宜居环境建设的指导意见》内容规划出的社会工作项目所涉及的主题和服务方向具有契合性（参见案例框3-8）。

社会工作职业人要加强对社会生态系统理论的认识，注重群体与环境的关系。将群体放置于社会生活环境中，从情境画面中所发生的事件出发对群体需要进行评估，这样才能使项目在服务类型化设计中更具有聚焦性和延展性，能够帮助社会工作项目策划团队正确理解所服务群体的真实需要，并在项目结束后能够带来持续性服务应有的延展效果。

现阶段社会工作项目管理者、设计者和执行人更多关注的是厘清直接服务对象的需要，忽视了对可能参与到项目中的其他主体需要的界定，这在一定程度上就欠缺了对完整的现实情境的分析。在社会工作项目设计的目标和具体服务中也只关注了直接服务对象，忽视了社区和基层政府等其他主体想要在社会工作项目中满足自身需要的愿望，往往会导致项目不被社区和基层政府等主体认可，因此对于社会工作职业人的专业性产生怀疑便成为情理中的事。社会工作项目假设是基于现实情境的，项目管理者和设计者必须理解项目的现实情境来源于两个主体甚至更多主体所构成的社会环境，要去思考项目假设为组织和最终用户做的事情，这里的假设更多应该是项目所要实现的事情（问题、使命和前景）（刘易斯，2001）。

> **案例框 3-8：**
> **"无碍公服、有爱生活——老年友好型社区建设"**
> **项目规划与设计中的现实情境设计思考（二）**
>
> Y社会工作服务中心对直接服务对象的现实情境调查清楚后，又对与直接服务群体构成整个社会环境的其他主体的现实情境进行了推理假设。Y社会工作服务中心所进行的推理假设是基于实地访谈后的文本资料梳理来呈现的，具体如下：
>
> ★直接服务对象对居家和公共安全、生活安全，敬老社会文化环境营造有需要；
>
> ★提供社会工作项目设计的机构需要的是打造品牌社会工作项目；

> ★项目落地社区需要的是构建老年友好型社区，项目要具有共享性和可视化；
> ★项目所需资源的其他供给主体需要明确（卫健委——居家健康；消防——消防安全；公安——电信安全等内容要以项目的形式执行并落地，同时产生社会效益）。

社会工作项目设计是离不开现实情境的，特别是在当下政府购买服务作为社会工作项目介入服务领域的关键运行方式的情况下。社会工作项目设计指导思想虽然紧紧围绕着以人民为中心这一核心，但其生发源并非仅仅只有服务对象需要什么和社会组织能够提供什么这么简单，还涉及与直接服务对象一同生活的家庭及所在社区群体、基层社区、政府购买服务发包方和资源匹配的供给主体（这一点在第二章已经进行呈现）。这就需要社会工作项目设计者以直接服务对象为核心，全方位地关注每一个参与其中的主体需要，在对直接服务对象需要精准界定后，探寻社会工作项目由微观到宏观的公共惠及性服务供给的实践路径。

案例框 3-9：

"无碍公服、有爱生活——老年友好型社区建设"
项目规划与设计的现实情境中需要分析与利益相关主体的释义

对于社会工作项目来说，项目服务对象本应该是项目设计的需要来源，但一个社会工作项目涉及的并不只是服务对象一个群体，因此现实情境中需要分析不仅以直接服务对象为中心，还要以其他利益相关主体为延展，即社会工作项目设计者要分析利益相关主体和他们的需要，这是项目设计文本转化为服务成效的关键。

利益相关主体	项目的利益相关主体	假设性需要分析
直接服务对象	QY社区60岁以上老年人（选择3栋老年人户数占比约60%的楼宇）	适老化居家安全、出行安全，生活安全知识

续表

利益相关主体	项目的利益相关主体	假设性需要分析
间接服务对象	QY社区60岁以上的老年人的家人与楼宇居民	社区公共出行安全
服务购买发包方	N省民政厅	提供具有针对性、惠及性、可复制性和强社会效益服务项目
项目实施区域	QY社区	如何打造老年友好型社区
项目提供主体	Y社会工作服务中心	彰显专业服务理念和塑造服务品牌，未来获取更多项目
项目参与主体	无障碍设施供给主体、资源匹配主体（消防、卫健委、公安等）	获取适老器材产品推广渠道，部门社会责任履职获得社会认可

注：假设性需要分析，并非社会工作项目设计者的主观假设，而是基于第二章中的社会工作项目设计方法在群体需要分析的基础上做出的假设。

三、基于多元主体的目标假设

社会工作项目服务对象的确定有利于需求评估后的任务假设。任务假设是聚焦群体特性分析的关键环节，有利于与政策内容中的具体事项进行对接，测量服务是否能够契合群体与政策，让政策目标指向的群体获取福利成为可能。关键群体分析是整个项目是否带来群体延展的分析起点，通过分析群体所具有的共享性、普惠性、公共性来获得群体需要。所以群体对象的确定，要以特定群体为核心延展出更具广泛惠及的人群。确定合适的群体对象才能使一个社会工作项目从服务直接受益对象到服务间接受益对象，进而彰显出社会效益。

案例框 3-10：
"无碍公服、有爱生活——老年友好型社区建设"
项目服务对象的确定分析

直接服务对象	间接服务对象	利益相关主体			
QY 社区三段 3 栋楼宇的老年人	老年人的家人与同楼宇居民	社区	无障碍设施供给主体	Y 社会服务中心	发包方	委办局

needs的评估这里可以回溯到项目假设过程中的基本逻辑框架环节来思考，"过程"在于适老化空间安全与公共共享安全获取路径的形成；这是群体需要到共享惠及性公共需要的一个延展假设，因此需要从"空间"进行思考，空间包括居家空间和公共空间，这样就很好地把某一群体需要有效地延展到公共需要层面。通过案例展示可以发现，这不是项目设计者的有意展现，而是在前面章节中就已经铺垫而成的内容。项目生发时项目设计者是在现实情境和政策的融合交叉中寻找项目，Y 社会服务中心基于《关于推进老年宜居环境建设的指导意见》这一政策，很容易将群体服务上升到社区空间，加之社区有构建老年友好型社区的目标，此时服务对象需要与社区需要是共有的，因此从个体上升到群体、空间需要时也就有了更为宏观的社会效益指向。

社会工作项目需要对服务主体进行析出，主要是指对服务对象的析出与延伸，以及服务提供主体的析出，他们是社会工作项目设计中必须放在一个链条上进行考量的主体。对于服务对象的析出需要在以直接服务群体为核心的前提下形成一个链条式延展，最后到达服务提供主体，这主要是为明确未来项目运行中其他利益主体与直接服务对象之间的内在关系。当因果关系逻辑清晰，并与以往项目的经验对照后，便会形成新的项目，这将在一定程度上凸显出新项目在具体执行环节上所具有的强操作特性。如果项目设计者具有更强的专业背景，能够对已有项目认真阅并梳理，那么基于经验的因果逻辑将会成为有研究基础的科学性推断，在后期执行中将有助于假设目标的达成，也有助于项目设计者将理论与实践相结合后的有益尝试。

社会工作项目设计中的需要分析假设，符合多元利益主体的需要，因此社会工作项目所呈现出的并非点对点线段化连接起来的社会工作机构和受益对象二元主体，而是社会工作机构在生发社会工作项目时对于多元主体利益进行价值判断而形成的项目共有假设目标，对于发包方的政府、落地方的社区、直接服务对象、间接服务对象，还有参与到社会工作项目中的资源提供者，他们想要在这个周期性社会工作项目供给中呈现出何种自我形象，获得何种有形、无形的社会赞许，都需要进行多元目标获取假设。

> **案例框 3-11：**
> **"无碍公服、有爱生活——老年友好型社区建设"项目**
> **规划与设计中利益相关主体需要分析与目标厘定的假设性匹配**
>
> 对于社会工作项目来说，项目目标是开展服务后达成效果最直接的评估指标。要设定好社会工作项目的目标，就要与服务对象需要以及围绕服务对象形成的多元利益主体需要相对应。Y 社会工作服务中心在"无碍公服、有爱生活——老年友好型社区建设"项目的设计假设中，将项目设计的需要分析与目标进行了对应设定，进而合并同类项完成目标设定，这样既能精准到服务对象主体又能回应宏观社会政策指引的发展层面。
>
> | 项目的利益相关主体 | 假设性需要分析 | 假设性目标厘定 |
> | --- | --- | --- |
> | QY 社区 60 岁以上老年人（选择 3 栋老年人户数占比约 60% 的楼宇） | 适老化居家安全、出行安全，生活安全知识 | 完善适老化居家安全和出行安全无障碍设施，营造适老化生活服务、敬老环境 |
> | QY 社区 60 岁以上老年人的家人与同楼宇居民 | 社区公共出行安全 | 提升适老化居家安全和出行安全无障碍设施配置，营造安心生活 |

续表

项目的利益相关主体	假设性需要分析	假设性目标厘定
N省民政厅	提供具有针对性、惠及性、可复制性和强社会效益服务项目	充分发挥专业社会力量创新服务供给,构建和谐社区,满足人民对美好生活的切实需要
QY社区	如何打造老年友好型社区	完成适老化老年友好型社区建设
Y社会工作服务中心	彰显专业服务理念和塑造服务品牌,未来获取更多项目	传播服务理念,形成社区服务品牌
无障碍设施供给主体、资源匹配主体(消防、卫健委、公安等)	获取适老器材产品推广渠道,部门社会责任履职获得社会认可	彰显社会企业责任,构筑部门社会履职平台,形成老年友好型社区建设共同体

当社会工作机构与利益相关主体进行互动后,要在调查问卷和访谈基础上形成需要分析,此阶段主要是进行整合性假设,围绕主体服务人群和社区共享的惠及性需要进行设定,在设定的假设中要让微观个体与宏观政策结合带来社会效应最大化。一个社会工作项目的设计在需要分析这一起点上,要有梯度、有力度,由点到面去回应个体到群体再到空间公共需要和政府购买服务的初衷,从而为社会工作项目文本写作带来最为真实的写作素材。当然这些假设是要放到具体的情景语句中来呈现的,例如:如果……那么……,……将会/可能达到……效果,也会……带来……,激发……责任与意识,回应……。情景语句的表达是最初项目产生、需要分析、策略预计和可能效果的假设执行后传递任务活动的清晰化呈现形式。

> **案例框 3-12：**
> **"无碍公服、有爱生活——老年友好型社区建设"**
> **项目假设性语句表达实例**
>
> 　　如果在楼梯间安装辅助扶手并与现有楼梯间扶手形成平行安全线，那么便会为老年人在上下楼期间增添安全屏障，因为辅助扶手的安装将会适度降低老年人因机体功能下降带来的出行风险，可以助力老年人独立自主外出锻炼，带来自我参与社会生活的可能。无碍设施与辅助设施的安装也会为老年人的家人减轻对老人居家和外出安全风险的担忧，用社区温情化服务促进老年友好型社区建设成效。同时激发资源供给主体参与社区建设、为民解困的社会责任与意识，并以此回应政府通过购买服务呈现出以人民为中心的服务预期。

　　这样的多元共享目标假设是与多元利益需求群体的需要所对应的，其主要目标是对项目进行整体构建，在运行中做到惠及主体广泛，使项目效果呈现最大化。这有利于项目品牌形塑，有利于在项目运行中形成自我营销的策略，并能够紧紧把控住资源供给主体对于长期合作的意向，能够对社会工作机构长久良性运行起到增效提速的作用。

本章小结

　　本章节主要涉及两个核心问题：一个是社会工作项目规划的模式分析，注重对机构自身、竞标文件文本和执行项目文本的交叉拟合呈现；另一个是社会工作项目设计的三维假设分析，注重对政策文本、现实情境和项目目标假设性的分析。这两个核心是社会工作职业人在项目生发、执行和营销中的核心，因为只有思想的碰撞才能为项目带来切实可行的策略。

　　社会工作项目规划与设计更多的是在思考层面分析并尝试探讨不同设计方案的建立、否定、再建立、再否定，最后形成可行的方案。在从否定到建立的循环中，通过对社会工作项目规划的机会模式、测量模式和识别模式进行自我分析，明确项目设计的基本逻辑框架。这三者并非仅仅局限于社会工作项目的这一环节，这三者出现在这一章是要向社会工作职业人呈现三个模式之间的交叉检验性。

  本章通过对社会工作项目设计涉及的政策文本、现实情境、多元主体在规划与设计中导引的假设性思考进行分析，为社会工作职业人找到社会工作项目文本设计的基本逻辑，在交叉、凌乱、繁杂中寻找可能的清晰化项目设计思路。为了能够更加清晰地呈现这一章涉及内容的广度和交叉复杂性，笔者通过案例框配以社会工作项目规划的模式分析和社会工作项目设计的三维假设实例进行释义，让社会工作职业人认识到社会工作规划与设计环节的难点，对社会工作项目的全过程进行思考。这是社会工作机构实际执行中的一个关键环节，这一环节是专业思考与现实情境的对话，也是将社会工作项目由创意思维转向具体操作思维的节点。

  本章所涉及的内容既具有在理想项目层面勾勒一幅美好蓝图的构想能力，也具有在执行层面寻找一个综合性评估与测量模式的项目预见能力，让项目从规划设计到执行的可行性不断增大，让社会工作项目在全过程运行中变得更加顺畅。通过不断的假设性思考这一环节，让专业社会工作机构在政府购买服务的竞争中获胜，为社会工作机构寻找到最好的竞标方案，也在为社会工作机构中执行项目的社会工作职业人在未来提供专业服务中形成一个完整的构思指南，能够顺利、有效地将服务递送给需要的群体。

第四章 目标到任务：社会工作项目运行的推进范本

社会工作项目运行需要一个具有可操作性的文本，即不能只停留在规划设计的思考和备选方案上，而是要拿出一个正式指导项目运行的行动方案。本章将对社会工作项目的具体化运行所涉及的目标和任务两个重要维度展开介绍，并对目标和任务的执行团队配置进行呈现。第一节围绕社会工作项目的目标分解与设定展开，目标是为项目提供一以贯之的方向，是一个由总到分的分层化设定，分层目标的设定旨在为社会工作项目的执行和可视化效果提供保障。目标会以最为言简意赅的文字传达出在特定时间、区间项目能为服务对象带来什么样的服务，效果如何，以及带来何种程度的社会效益。第二节聚焦社会工作项目的任务分解与设定，为社会工作职业人与服务对象等参与主体的行为活动列出具体的服务工作内容和执行步骤。任务开展过程中的行为活动记录将为项目监管、绩效测评以及效能评估提供所需要的资料。为了实现目标、完成任务，还需要一个项目团队作为运行项目、执行服务计划的服务输送主体。第三节将对社会工作项目团队的构成与分工进行呈现，只有项目匹配了服务递送的团队，执行人才能在社会工作项目推进范本下，以清晰的分工推进项目服务执行，以目标达成来回应社会工作机构设立此项目的初衷。

第一节　社会工作项目的目标分解与设定

社会工作项目目标的设定有三个关键来源：一是政策导向；二是现实问题；三是多元群体需要。目标要依据现实生活情境中的重要指标数据、重大事件和对以往项目的经验总结来设定，同时要厘清现实生活情境中与所要服务群体的相关政策有哪些，这样将现实情境中的多元群体需要与政策导向衔接起来，有利于社会工作职业人设定切实可行的项目目标。在前面章节中我们谈及过社会工作项目的假设过程，主要是对群体问题引发的原因进行分析，厘清核心服务对象所面临的问题，是什么原因致使这些问题发生，针对这一问题的社会工作项目所能提供的服务预设有哪些，以及群体参与到所假设的社会工作项目服务中会达到什么样的改变。现在我们再次回顾前面章节与本部分内容相一致的案例，进行项目运行范本的呈现。对于社会工作项目目标的设定，我们本节中采用总目标和分目标的设定方式，而不以短期目标、中期目标和长期目标为设定与分析框架，是因为社会工作项目生发具有相当明确的服务主题，总目标可以有效为项目结果带来指向性，分目标可以更好地以主题模块呈现各部分服务内容开展后的效果。这种目标设定与分解符合社会工作项目主题化、周期化执行需要。不采用长期目标、中期目标和短期目标的设定方式，是考虑到当前项目执行周期以及服务递进性不足的因素，当然如果项目有足够的执行周期，需要对服务群体有更为长远的服务，采取短中长目标设定要比总目标与分目标设定更具有效果。

一、社会工作项目的总目标分解与设定

总目标为社会工作职业人提供了社会工作项目的实施方向和执行路径，虽没有细化但足够清晰。在社会工作项目中目标在设定后是必须要达成的，因此要对可能制约目标达成的影响因素进行思考，例如经费是

否充足、专业领域服务设施是否齐备、从业人员是否能够胜任、除机构资源外可借助的其他资源有哪些，这些都是制约社会工作项目目标达成的因素。能够把可能阻碍项目运行的因素转化为项目运行的动力，就需要社会工作职业人分析多元主体在项目参与过程中所希望达成的自我目标是什么，社会工作项目总目标的设定要能够满足、实现所有服务对象的预期目标。但在设定总目标时，社会工作职业人要对多元主体在社会工作项目运行中所预设的各自目标进行厘定（参见案例框4-1），要注重表达的清晰化，做到言简意赅。所以总目标设定中还要把握陈述方式，目标的陈述性表达是为了能够更加清晰地表明具体的项目任务，总目标要围绕服务群体问题和已有政策导向进行宏观陈述；同时，社会工作项目目标的设定不能忽略社会工作机构的使命，在价值理念上要保持一致，能够回应组织使命抑或组织服务领域的宗旨，这将有利于建立起社会工作机构、发包方、服务群体的共识，并能够对现有政策进行政治性回应。换言之，就是要让总目标的设定与表述能够与整个服务项目相适应，应当在逻辑上与社会工作机构的使命陈述保持一致。总目标应该为任务构想回归到社会工作机构层面予以可延续发展的空间，在社会工作职业人向项目目标努力时，就会向组织使命迈进一步。总目标设定过程中切忌完美主义倾向，因为社会工作机构组织使命是一种精神理解与传达，而非实现完美，当然这也是任何一个项目所无法达到的。

> **案例框4-1：**
>
> **"无碍公服、有爱生活——老年友好型社区建设"**
> **项目的目标设定分析**
>
> 前文已经在案例框3-11对利益主体、假设性需要分析和假设性目标进行了厘定，这里将通过一个分析过程展示Y社会工作服务中心如何设定"无碍公服、有爱生活——老年友好型社区建设"项目的执行方案目标。

多元利益主体		经历的问题	导致问题发生的原因	所能提供的服务	目标设定（获得的改变）
QY社区60岁以上老年人（选择3栋老年人户数占比约60%的楼宇）		身边老年人和自己在居家、外出受伤时常发生，媒体报道因老年人身体机能下降在家庭和外出中导致的安全事故	老年人身体机能下降，儿女未能与老人同住，陪伴较少	提供适老化居家和出行安全无障碍设施	A1. 完善适老化居家和出行安全无障碍设施，营造适老安心生活环境
QY社区60岁以上老年人的家人与同楼宇居民					
QY社区		QY社区居民对于适老安全设施增设的关注与反映	QY社区居住楼主要在20世纪80年代建成，楼宇均为6层步梯楼，社区内基础设施陈旧，楼宇单元内部公共设施缺损	街道办事处与委办局进行对接，提出解决方案；对接社会组织提供无障碍设施服务和安全知识普及	A2. 建设适老化老年友好型社区
适老资源匹配主体	无障碍设施供给主体	适老产品和设施的推广	销售渠道和宣传渠道窄	提供无障碍适老服务设施	A3. 让无障碍适老服务设施发挥效能，彰显社会企业责任
	消防	部门职能与专业责任的有效落实	委办局与基层社区的互动关系是领导与被领导，而非吹哨与报道的在地化履职	消防安全宣传和自救技能提升	A4. 搭建部门联动社会责任履职平台，发挥专业职能共建美好社区
	卫健委			居家健康和急救知识普及	
	公安			预防电信诈骗讲座	

续表

多元利益主体	经历的问题	导致问题发生的原因	所能提供的服务	目标设定（获得的改变）
N 省民政厅	各地区为老服务供给的紧迫需要与供给体系的完善建设	老龄化社会的到来，公共服务供给不足，老年安全问题时有发生	运用资金和行政权力，寻找能够准确把握社会公共服务需求、提供高效公共服务的社会力量	A5. 充分发挥专业社会力量创新服务供给，构建和谐社区，满足人民对美好生活的切实需要
Y 社会工作服务中心	个体现象还是群体需要	公共服务不到位	寻找精准的公共服务	A6. 以完善公共服务为目标传播服务理念，形成社区服务的品牌

目标属性界定如下：

A1. 完善适老化居家和出行安全无障碍设施，营造适老安心生活环境。——项目目标

A2. 建设适老化老年友好型社区。——项目目标

A3. 让无障碍适老服务设施发挥效能，彰显社会企业责任。——价值目标

A4. 搭建部门联动社会责任履职平台，发挥专业职能共建美好社区。——价值目标

A5. 充分发挥专业社会力量创新服务供给，构建和谐社区，满足人民对美好生活的切实需要。——价值目标

A6. 以完善公共服务为目标传播服务理念，形成社区服务的品牌。——机构目标

这里探讨的社会工作项目目标设定是基于项目本身而言的，并非机构的使命，当然总目标的设定与机构使命的价值内核保持一致是必须的。社会工作项目总目标是对问题和需要的回应，从案例框4-1中我们可以看到，总目标的来源和析出主要是项目服务对象和项目落地区域对于项目的预期，这一点保证了总目标在项目运行后具有服务对象的聚焦性（聚焦的是个体与所在空间的互动共性）、可测量性（更加清晰针对不同的服务对象要做的是什么），再配以政策导引的价值理念，项目总目标中就包括了项目的聚焦性、可测量性和价值呈现。

案例框 4-2：

"无碍公服、有爱生活——老年友好型社区建设"
项目的总目标设定

在案例框4-1中，A1是提供并完善适老化居家和出行安全无障碍设施，营造适老安心生活环境，这是服务对象及其家人与社区居民共同的需要；A2是建设适老化老年友好型社区，这是社会工作项目落地社区QY社区的期望。将A1+A2进行组合便给"无碍公服、有爱生活——老年友好型社区建设项目"总目标的设定带来了项目运行后的目标可测量性，测量包含了在老年居家安全方面做了什么，在社区安全方面做了什么，这两点又为支撑老年友好型社区建设带来测量性。从群体到社区对于目标的确立内含了实现人民对于美好生活的向往，对于更大价值的呈现便是"构建和谐社会"，这就为价值践行配备了可测量的指标。

"无碍公服、有爱生活——老年友好型社区建设项目"的总目标就是：完善适老化居家和出行安全无障碍设施，营造适老健康生活环境，实现适老化老年友好型社区建设，构建人民对美好生活向往的和谐社会。

二、社会工作项目的分目标分解与设定

社会工作项目的目标设定并非一个目标的独立执行，而是基于总目标分解出具体的分目标，将分目标作为可操作化的执行任务目标，将目

标中包括的服务要素转化为服务内容递送给服务对象，递送主要是依托不同的活动形式来呈现社会工作专业赋予服务对象的需要满足路径，达到预防、改善、增能的效果。

分目标要依据项目进一步分化的任务主题、执行周期、群体需要等因素来设定，可以由多个目标组成，这样有利于社会工作项目对服务群体需要的全面满足，同时明确任务层面，在接下来的过程中形成与之对应的任务活动，并将其作为达成目标和解决服务群体需要的最佳指引。关于目标设定社会工作项目职业人往往会在项目组讨论中产生分歧，这样的讨论是不可或缺的，目标的有效讨论会使提供给服务群体的介入策略更加精准。

分目标的清晰定义需要满足以下几个条件：它是具体而不含糊的，是能够达到的，在可能的范围内是可评估的，是适合与其相关主体在服务层面较为一致的目标，具有可交付成果的形式，是能够被群体所理解的，是现实所要做的事情，具有一定的时间限制，它们指向了单一的最终目标（刘易斯，2001）。

> **案例框 4-3：**
> **"无碍公服、有爱生活——老年友好型社区建设"**
> **项目的分目标设定思路**
>
> 分目标到总目标的过程是一个可以双向互推的过程，这主要取决于项目设计者自身的专业训练和丰富实践经验的糅合运用，分目标与总目标的交互拟对是社会工作职业人的一种职业能力呈现。
>
>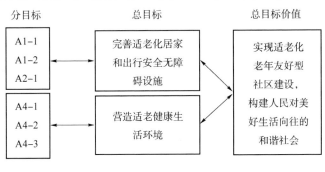

在一个社会工作项目中，机构往往会设定许多目标，一般分目标之间也会存在实现的有限级别，因此社会工作职业人要按照逻辑思维严格排序，排序是由需求、经济和社会等因素决定的，必须严谨认真，不应关注较小重要性目标而把较大重要性目标撇在一边。案例框4-3中的A1、A4是对应总目标的分目标框架，A2虽然相对宏观但也是分目标中的一个统合框架。在对A1进行分解后，完善适老化居家和出行安全无障碍设施，很明显地呈现出"居家"和"公共空间"两个分目标，这一点与A2目标的友好型社区能够拟合，所以A2可以说是分解A1后，A1-1/A1-2目标的核心抑或主线，但A2目标也可以作为一个分目标来看待，虽然它具有了总目标的特性。如果按照第二章所阐释的理论来看，社会工作项目要具有公共共享的惠及性，那么"公共空间"的无障碍设施服务将会排在分目标的优先级，也就是目标的最前列，居家安全设施配置则排在公共无障碍空间之后。从这样的排序可以看到，本项目的核心主题在于打造友好型社区。

营造适老健康生活环境目标的分解，将会产生三个平行化的分目标，康养、消防、防诈骗三方面的素养提升以及化解风险能力提升。可以看出分目标和总目标之间具有双向互推性，保证了目标产出的精准对接。这里呈现的例子反映出项目模块化设置有很强的平行性特点，是一个横向目标维度。有些项目还具有很强的递进性，因此分目标间可能会出现递进执行性，这样的目标达成顺序被学者称作输入目标（刘易斯，2001），具有的是一个纵向目标维度。

项目分目标在设定达成度时应该被作为目标弹性设定因素来考虑。无论分目标受支持社会工作项目执行的组织资源影响有多大，也需要项目策划者在现有资源中以资源最大化配置的宗旨将社会工作项目目标与服务群体需要和组织使命保持一致。这在一定程度上可以说是对组织专业使命的交叉性评估，但这并非项目运作中时刻考虑的问题。对于这一问题的考量可以采取优先级矩阵方式进行思考，矩阵可以极大地简化排序优先级策略。矩阵优先级排序要注意列比行更为重要的原则，来进行目标优先级布局（见表4-1）。

表 4-1　分目标优先级矩阵

项目	1	2	3	4	5	合计	级别
1		1	1	1	1	4	1
2	0		1	1	1	3	2
3	0	0		1	1	2	3
4	0	0	0		1	1	4
5	0	0	0	0		0	5

对于表 4-1 中的优先级由项目管理者、设计者和执行人分别填写，行对应列进行比较，重要填写 1，不重要填写 0，最后以行重要数值相加填写到合计中，合计的数值越大级别对应的就越高，分目标执行和达成的优先等级也就越高。矩阵让分目标之间的比较更为直截了当，如果出现相同数值，那么就按照行的顺序来取定分目标执行和达成的有限等级。矩阵对于不能量化的排序最为有用。如果社会工作项目有评估值时，也可以用评估值本身进行分目标的排序（刘易斯，2001）。

> **案例框 4-4：**
> **"无碍公服、有爱生活——老年友好型社区建设"**
> **项目的分目标优先级矩阵**
>
> Y 社会工作服务中心对于该项目的分目标的优先级矩阵主要通过 3 个参与主体进行了目标排序，分别是 Y 社会工作服务中心管理者、B 高校社会工作教师和社区管理者，这里缺失了关键排序主体——服务对象。案例所呈现的是 Y 社会工作服务中心管理者对于分目标的优先级排序，借其视角寻找目标优先级。
>
> | 项目 | 出行安全 | 居家安全 | 消防 | 健康 | 防诈骗 | 合计 | 级别 |
> |---|---|---|---|---|---|---|---|
> | 出行安全 | | 1 | 1 | 1 | 1 | 4 | 1 |
> | 居家安全 | 0 | | 1 | 1 | 1 | 3 | 2 |
> | 消防 | 0 | 0 | | 1 | 0 | 1 | 4 |
> | 健康 | 0 | 0 | 1 | | 1 | 2 | 3 |
> | 防诈骗 | 0 | 0 | 0 | 0 | | 0 | 5 |

> Y 社会工作服务中心管理者的分目标排序为:
> 1. 出行安全;
> 2. 居家安全;
> 3. 健康;
> 4. 消防;
> 5. 防诈骗。
>
> 可以看出服务中心管理者在项目中更加关注社区目标的达成,因为出行安全在服务项目执行中会产生强烈的可视化效果和有形社区资产。当然本项目最后的分目标排序是在 Y 社会服务中心管理者、B 高校社会工作教师和社区管理者三人打分的总分基础上抑或均分基础上形成的,这里就不再呈现其他两主体对于分目标的优先级排序分值。以上案例旨在为社会工作职业人提供能够有效了解分目标排序的优先级矩阵方法运用原理。

第二节　社会工作项目的任务分解与设定

社会工作项目的任务设定与分解要着眼于解决问题和满足需要,在项目执行中不能简单将其界定为狭义的活动,但这却是社会工作项目现实执行层面中社会工作职业人常常故意或无意混淆的关键点。在执行中这样的认识十分普遍,因为思维定式往往很难纠正。在社会工作项目的设计和运行中,应该明确两点:一是希望达到的结果;二是达到这些结果的方式(克特纳、莫罗尼、马丁,2016)。希望达到的结果是在项目执行后,通过评估项目服务来确定项目的实际运行情况,测量是否达到预设的结果。这就需要将服务主题转化为具体项目任务,也就是要提供给服务对象具体的服务,关注服务中所运用的方式和手段,这是以分目标为轴线设定的过程任务。过程任务需要社会工作项目设计者设计一系列详细的活动,这些活动是为了在项目具体执行中培育服务对象个体和外围空间主体的能力,进而去分析、解决他们所面临的困境或满足自身的需要。

在任务设定中,首先关注的应该是因总目标分解为可操作化的分目标而要进行的对应化服务活动设计,活动只是任务达成所要依托的形式,任务达成的关键在于社会工作职业人对于项目执行过程中的专业手法运用以及对于活动转向专业介入的把握。这一点考验的是社会工作职业人在设计、运行社会工作项目中的职业能力,这是一个关键的问题,如果你是从前至后阅读这本书的,你会发现这个关键问题已经融入了整本书中。正如彼得·M. 克特纳(2016)等学者对任务分层所阐述的那样,在项目的任务设定中不同的学者对于项目任务设定是不同的,包括策略、里程碑、操作性任务及项目任务等都存在着多种表述。为了让初次接触社会工作项目设计、运行的职业人更加清楚当下政府购买服务的常规运行框架,本节将任务分层的界定分为结果任务、过程任务和活动三个层面。对于任务分层的了解有利于在设计、执行的过程中将每一个层级任务都能够与项目目标、执行周期、服务效果紧密相连,这会在一定程度上测量出增加抑或减少项目执行中的成本。层级描述见图4-1。

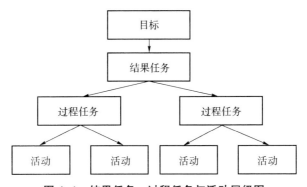

图 4-1 结果任务、过程任务与活动层级图

资料来源:彼得·M. 克特纳,罗伯特·M. 莫罗尼,劳伦斯·L. 马丁. 基于效能的项目设计和管理[M]. 刘英,译. 广州:华南理工大学出版社,2016.

所有的任务都有大量共同的元素,一个好的任务应该是清晰、具体,可衡量,可操作,有时间维度,并传达出对此项目开展可能带来的一种对服务对象的承诺和认同。社会工作职业人可以通过回答以下问题对任务进行设定和呈现：

1. 任务的分目标指向。任务的设计与活动的开展均要以分目标对应，发挥任务与活动对目标达成的手段效应。

2. 分目标的操作化指标。在目标分解中寻找与具体活动关联的关键词，为服务对象提供社会工作具体服务，通过可操作化的具体任务和活动来回应分目标。

3. 任务资源的可获得性。这是任务所涉及的媒介系统，即社会工作项目运行中所需的各类型专业领域人士和物质、知识等资源获取的社会支持网络。

4. 社会工作职业人的专业触及性。这是指针对所设计的社会工作项目，社会工作职业人对于核心服务对象群体特征、介入方法、执行步骤规划中将会涉及哪些参与者，以及他们在提供资源时各自的目标指向的熟知程度。

5. 任务执行的时间周期。这是指为分目标达成而设定任务和活动执行的期限。

6. 任务执行的服务性承诺。为了完成任务需要对社会工作职业人所承担的任务分工进行明确界定，并借助结果任务进行考评。

7. 清晰简洁的陈述。将以上信息以具有逻辑性语言进行陈述，或者以表格形式进行展示。

接下来将以结果任务、过程任务和活动三个层面——展示以上前六个方面涉及的具体操作，对所阐释的内容尽可能用清晰简洁的文字表达并呈现整个任务过程。按照社会工作项目设计的逻辑流程，任务执行中的逻辑理路首先对结果任务进行讨论和写作呈现，其次对过程任务进行设立分析和写作呈现，最后对活动进行形式选取和写作呈现，使社会工作项目在设计、运行中遵循具有一定标准化的实务操作顺序。

一、社会工作项目结果任务分解与设定

结果任务对于项目规划十分重要，因为它不仅解释了项目存在的缘由，同时还指明了项目中可测量的各种结果。结果任务通过诸多方式，

直接从问题分析阶段发展而来。我们在社会工作项目服务执行的实践中常常关注总目标和分目标，目标的获取就是来源于问题分析，结果任务也是在问题中呈现的。因此我们需要在结果任务上精炼或者归纳问题，结果任务应当清晰地表明我们对问题的干预会对目标人群产生怎样的影响。

　　结果任务要保证具有清晰度、周期性的要素。对于结果任务的清晰度，是不可忽视的，需要一个关键的检验标准，即任何一个读它的人都能够有效理解。所以在结果任务表述中要使用"增加、减少、提升、完善"等含有行为含义的词语。但这里要强调一点，使用这样词语的目的是使其在评估目标中具有可视化的成果，这是对于使用这样词语进行结果任务达成与否的一种测量和验证。周期性是保证结果任务达成的时间框架，如果将时间框架与结果任务对应起来，可以进一步细化结果任务层次，包括初期结果、中期结果和最终结果。初期结果关注的是服务对象和参与到社会工作项目中的每一个个体最开始在服务中感受到的变化，反映出受益对象的感受，折射出项目服务质量的优劣；中期结果"走出"感受性，更多的是对新知识、态度、能力对于自身行为上的改变；长期结果是最终希望项目执行结束后能够在参与项目的直接服务对象和多元互动主体身上发生具有共鸣的积极改变和对社会价值践行带来的良好社会效应。在当下的政府购买社会工作项目中，笔者不建议社会工作职业人对结果任务的层次进行细致划分，因为社会工作职业人极有可能将初期、中期和最终结果与分目标对应，这样就会产生偏差性对应，这里的初期、中期、最终是在任务执行层面对于结果任务的一种思维化文本呈现，是要在执行中借助行为来完成的。

　　这里要避免一种情况出现，就是项目结果任务的不切实际或者承诺过多。读者读到这里可能会想，按照这本书一步步来做怎么可能带来不切实际和承诺过多的结果任务？的确，按照这本书在一定程度上可以避免此类情况的发生，但是不要忘记一个非常现实的情况，就是项目的运行需要经费，为了获取经费社会工作项目管理者、设计者和执行人往往会迎合资方，导致结果任务远离项目初衷，出现一个庞大、不可取的目标设定也不足为奇。

> **案例框 4-5：**
>
> **"无碍公服、有爱生活——老年友好型社区建设"**
> **项目的结果任务示例**
>
> Y 社会工作服务中心在最初目标任务设定中，关注直接服务对象的数量和宏观和谐社会的构建，对于在数量达成和和谐社会构建方面通过什么来切入进而呈现项目效果没有清晰的表述。数量上的结果任务确定，完全是为了资方对于服务受益人和资金配比的需要所进行的思考，构建和谐社会是对宏观政策导向的回应，缺失的是对和谐社会构建任务达成的可视化思考。
>
> 通过对社会工作项目任务清晰化和周期化的思考、直接服务对象需要满足的思考和项目落地社区的思考，该项目的结果任务界定在了"完善适老化居家和出行安全无障碍设施，达成适老化老年友好型社区建设指标，提升老年群体安全、健康素养，营造适老宜居生活环境，构筑人民美好和谐生活家园"。
>
> | 时间 | 2019 年 10 月 30 日前 |
> |---|---|
> | 目标 | 让 126 名老人享受到楼梯间辅助把手带来的公共空间安全 |
> | 结果 | 完成 QY 小区三段 6、7、8 号楼楼梯间辅助把手安装 |
> | 标准 | 按照 Y 社会工作服务中心竞标项目文件执行 |
> | 责任 | 社区和 Y 社会工作服务中心负责此项目的监督，设备提供商负责安装和按时投入使用 |
> | 服务转移 | 项目结束后，无碍公服设施转交给 QY 社区，日常维护、设备持续运行均需社区作为主体进行规划 |

从案例框 4-4 中可以看出，结果任务中可以看到社会工作项目存在的缘由，同时还表明了项目中要进行测量的结果、参与到项目中的主体责任以及完成结果任务的责任分工。结果任务是对如何减少现实问题、提升生活质量进行的任务执行，只要能够将结果任务清晰地概念化并以文字表达出来，充分运用时间、目标、结果、标准和责任维度进行简单化呈现，接下来的过程任务和活动也就变得更加清晰且具有更强的可操作性。

二、社会工作项目过程任务分解与设定

过程任务是社会工作职业人为了达成项目的结果必须要采取的手段。过程任务要想分解好，也需要像结果任务一样，将过程任务的时间框架、对象、结果（该过程的切实有形的结果）、标准（结果被记录或被衡量的方式）、责任（对该过程任务完成的责任人）进行细化呈现，无须繁冗的语言文字，简练明晰最好。

时间框架就是完成项目中一个主题的规定期限，包括日期和执行次数。在这里要说明的是，过程任务的时间框架没有结果任务时间框架那么严格，可以具有一定的弹性，因为在服务项目具体执行中执行的时间除了社会工作职业人的设定，还需要依据服务对象的感受进行服务调整与更新，时间框架也由此产生了弹性。时间框架在任务过程中的设定，也会起到调控项目过程的作用，通常社会工作职业人会使用甘特图来描述执行周期进度，以此来把控整个过程任务的完成效率。

案例框 4-6：

"无碍公服、有爱生活——老年友好型社区建设"
项目的过程任务推进甘特图

	模块/时间	11月	12月	1月	2月	3月	4月	5月
模块一	居家适老设施					▨	▨	
	公共空间适老设施	▨	▨					
模块二	消防			▨	▨			
	健康				▨	▨		
	防诈骗					▨	▨	

过程任务对象与结果任务对象是不一样的。结果任务对象是项目的直接服务对象和所在区域共同构成的一个共同体，项目的一切服务都只

为这一共同体而展开。过程任务对象关注的是在每一个服务主题上更好地服务于直接服务对象。过程任务对象是项目执行过程中的每一个主体，他们能够提供什么资源、资源在服务中起到什么作用、主题服务在过程中的转化、服务顺序的排列、任务执行周期的长短既要有模块化的呈现也要有灵活性的变通，所以过程任务对象具有复杂性、灵活性和多样性。社会工作职业人要在过程任务中执行任务，多点布局不同参与主体，还要做好项目的监督，因此常常会发出"过程任务步骤有哪些，必须在任务中寻找哪些资源，任务将要达成的目标是什么"的疑问。事实上，一个步骤环节用资源的梳理就能够将过程任务清晰化，同时任务的完成结果也能够自然显现。

案例框 4-7：

"无碍公服、有爱生活——老年友好型社区建设"
项目中的关键词表

关键词		具体要求	排序
服务对象	老年人	居家安全、出行便利	1
	社区	有相应比例的适老化设施	2
服务内容	安全	安全意识、安全技能	1-1
	健康	合理化健康知识、急救技能	1-2
	消防	隐患意识、突发事件处置能力	1-2
	防诈骗	自我辨别能力和自我保护意识	1-2
	友好环境	可视化环境、感受性环境、精神文明氛围	2-1

评估与记录的标准是过程任务中必须要呈现在文本上的关键信息，这关系项目执行证据和评估依据的收集，关系项目运作能否持续。越是详细的记录越有利于项目的优质化发展。由于不同的社会工作项目提供主题服务的操作过程有繁有简，对于繁杂的社会工作项目过程任务，要对任务的服务主题、服务内容、时间场次、容纳人数、服务形式、服务

反馈做详细的记录；对于直观性很强的过程任务，社会工作职业人对其记录也要尽可能呈现出"谁通过什么形式、在什么地方、经过什么样的过程任务予以确认，完成了此项服务"的详细信息。

案例框 4-8：

"无碍公服、有爱生活——老年友好型社区建设"
项目适老化安全康乐主题服务

模块	具体内容
服务主题	家庭消防安全
服务内容	燃气安全使用技巧、处置技巧、逃生技巧，日常检修技能
时间场次	每场次50分钟，分两场次进行（两场形式分别为讲座和小组工作坊）
容纳人数	30人分两组观摩操作
服务形式	讲座与小组工作坊
服务反馈	消防知识问答，技能实操，以及家用燃气设备、配件的更换率

责任在过程任务阶段就是要明确谁对过程任务的实施和监督负责，保证过程任务的高质量完成，也确保过程任务的实施符合过程评估的指标体系，在这方面过程责任与过程评估在内容上具有一致性，但一定是由两个不同主体来完成的。在社会工作项目运行中这个任务的完成一般是通过机构中的执行人和督导者完成的，在机构人员配置相对较少的情况下也会邀请其他机构来共同完成这一任务。

在过程任务执行中以上要素是项目开展的文字记录内容，这是活动与过程任务或者结果任务目标达成抑或存在不足时进行反思的依据，也是培育优秀社会工作职业人的田野教材。

三、社会工作项目活动形式设定

社会工作项目过程任务明确后就是以活动作为载体展开具体服务供

给的环节。活动是项目对服务对象的具体干预行为，因为活动的产出是衡量项目具体服务效果的指标，也是满足服务对象需要和提升能力的方式。以何种活动形式把服务提供给服务对象成为服务落地最具有变动性的环节。常见的活动形式主要有小组工作坊、讲座两种，如果针对特殊服务对象活动形式还可以采取个案服务。无论选择哪种活动形式，社会工作职业人都要让活动在项目执行前、中、后期彰显出对服务对象改变上的专业能力，而不仅仅呈现活动的一般意义。在过程任务要素下，活动要着重关注分析、呈现出活动资源的可获得性、社会工作职业人的专业触及性、任务执行的服务性承诺，通过时间的弹性调整来呈现社会工作职业人在活动中对于目标的达成。

（一）资源的可获得性

活动中获得的资源，是活动开展的主要媒介，即在以社会工作职业人为核心的人力资源的引领下汇聚社会工作项目执行中所需的专业技能人员，为优质服务提供专业保障；汇聚物质、知识等资源构成社会支持网络，形成服务资源供给的多元主体，为活动的开展提供丰富的资源，让资源与机构所拟定的社会工作服务具体内容更加匹配。资源的可获得性将为项目目标达成和控制执行成本带来益处，这一点在第三章的机会模式中已经做出对自我能力的相应评价，所以在活动呈现服务环节中，只是对机构已有资源和外来资源进行优化配置，发挥资源效能在活动中的作用。

案例框 4-9：

"无碍公服、有爱生活——老年友好型社区建设"
项目适老化安全康乐主题——健康服务活动呈现

模块	具体内容	资源获取主体	资源清单
服务主题	家庭康养	健康领域专业人士、部门、企业	场地、专业人士、康养物品

模块	具体内容	资源获取主体	资源清单
服务内容	养生知识	社区卫生站、养生堂知识读本	知识读本、一次性试剂、服务领域PPT
	居家急救知识与技能	辖区医院医护人员、蓝天救援队	教学道具
	急救援助获取途径		
	居家康养再认识	社会工作职业人	康养小礼物、康养知识库
服务形式	健康小组工作坊、情景体验服务		

（二）社会工作职业人的专业触及性

社会工作职业人的专业触及性在于能够将服务对象和资源供给主体进行有效联结，这是项目服务供给的核心点。社会工作职业人一头联系着服务对象，另一头联系着服务资源供给主体，在分析服务对象需要的基础上，寻找资源供给主体，对资源进行配置，在明确服务人群特征和介入方法后，协调资源与服务的有效匹配，确保服务目标有效达成。

案例框4-10：

**"无碍公服、有爱生活——老年友好型社区建设"项目
适老化安全康乐主题服务活动中社会工作职业人的专业触及性**

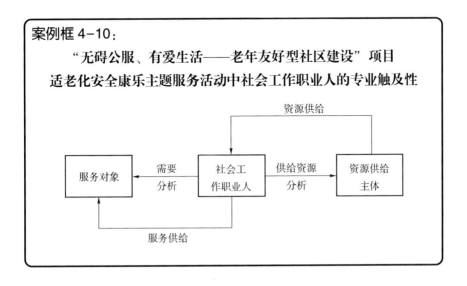

（三）活动的服务性承诺

活动的服务性承诺是在实施层面进行的一种服务责任聚焦。为了完成任务需要对社会工作职业人所承担的任务分工进行明确界定，这是社会工作项目执行中项目管理的关键问责环节。社会工作项目的开展是对具体服务群体的干预，因此涉及专业伦理问题，有效保证服务质量是对服务对象最好的承诺。社会工作职业人的任务清晰化也将有利于保障项目的时效性和效能性，因此在活动设定和执行中必须要以更加明确的方式进行责任标注，例如任务卡、角色功能等。

案例框 4-11：

"无碍公服、有爱生活——老年友好型社区建设"项目
适老化安全康乐主题——防诈骗服务性承诺角色任务表

具体内容	资源获取主体	资源清单	角色任务
电信诈骗方式	辖区公安局	知识读本、诈骗工具、视频资料	主讲人、展示者、执法者
电信诈骗工具			
电信诈骗情景剧	B高校学生	情景剧演出	情景再现者、志愿者
电信诈骗再认识	社会工作职业人	小礼物、防诈骗知识库	知识再认识者、增能者

注：角色任务在一定程度上回应了活动的形式——讲座、小组工作坊。

活动设计与执行要以过程任务为导向，过程任务在思考和编制的时候以结果任务为导向，这样将有利于过程任务的清晰化执行，能够拟合项目的分目标和总目标。这里需要说明几点：第一，活动要与最底层的过程任务相关，因为社会工作服务供给中更多是以满足需要为起点，进而到达赋能的目标，因此服务活动需要的是一个递进层级的表达和实际操作对任务目标的推进；第二，在活动递进设计和平行服务中需要有关

键节点效应的思考，这样才能在活动产出的证据上为社会工作项目带来文字书写的依据，在后期项目结项时，这既是评估资料的佐证，也是项目亮点呈现的支撑。

第三节 社会工作项目团队的构成与分工

社会工作项目团队是社会工作项目执行的软实力保障，也是社会工作专业性彰显的关键衡量指标。项目团队成员的数量会关系到项目执行工作量和周期设定问题；职业资格所在领域的跨度会影响到项目执行的服务品质、专业服务内容供给的深度和广度；年龄结构会关系到与服务群体的情感联结度；性别配比会关系到服务项目执行中的伦理问题和高效能沟通；从业时间会关系到服务中对于突发问题的处理效率和对现实情境的理解程度。为了能够形成高效的项目团队，社会工作项目团队成员的集结要根据项目目标而确定，并明确成员在项目中的权利和义务。项目团队从项目还仅仅是一个现实情境的经验思考时就已经在不断集结，在项目目标和任务形塑后，团队才真正具有了可以执行项目的人力资本。社会工作项目团队的成员构成主要包括管理者、督导者、志愿者集结人、专业领域人士四个类别，他们在社会工作项目中具有不同的责任分工。

一、社会工作项目中的管理者

社会工作项目管理者一般由机构的负责人来承担，这是由机构人员配置所决定的，有时候这个管理者身兼数种角色，既是项目的管理者、设计者，也可能是项目的执行人，所以社会工作职业人往往是机构项目运行的全能型职业人。一般机构中会设置总干事对项目进行管理，总干事主要负责机构的运行管理，必然涉及对项目的管理。项目管理者现在被认为是"一个意料之外的职业"（Pinto & Kharbanda，1995），他对项目计划和执行项目任务负有责任，并经常必须在没有正式权力的情况下工作（布朗、海尔，2012）。管理者需要做出机构的战略选择，能够为机构带来引起自身、服务购买方、资金支持者注意的创新项目。

管理者在管理项目中还要与项目相关的利益群体进行互动,这也是其职责内容。管理者需要具有良好的沟通、说服能力,以及管理团队会议、推进团队执行和激励团队成员的能力和方法。沟通作为管理者最为基础和重要的能力,是项目实施环节的核心网络节点和不可或缺的信息渠道,保障在项目执行过程中有应对突发事件的策略,并能让项目按计划有序执行,在形式上主要包括横向、纵向的互动,渠道主要通过线上和线下两种途径。管理者角色的设定有利于在项目执行中透明地、顺畅地运用资源,并对项目进行全局把控。为此,管理者为了将项目工作做到位,往往在项目执行中具有必要的原则性,并在恰当的过程中兼具灵活性。

以上是管理者对于内部项目产出和内部团队的管理。对于社会工作项目管理者还需要一种对外获取项目的能力,这就需要管理者具有谈判能力(见表4-2),促进共同利益和创造性地协调不同利益体(Fisher, et al, 1993)。

表4-2 谈判能力要点

序号	要点内容
1	识别问题
2	关注利益而非立场
3	考虑你必须为其他人提供什么(你如何满足其利益),如何使这个人对你所提供的感兴趣
4	考虑他有什么可以满足你的利益,不要害怕提出你想要的或者建议交易
5	如果其他人的风格困扰了你,不要让它妨碍谈判。目标是高效和友善地达到获取项目的结果,而不是与发包方成为最好的朋友
6	为具有精准性、公共性、共享性的项目方案寻找客观标准
7	提出备选方案,讨论它们,评估,然后选择
8	还要具备说服力(互惠、一致性、社会认同、偏好、权威、潜在损失与潜在收益、要求大小顺序)

资料来源:FISHER R, URY W, PATTON B. Getting to Yes: Negotiating Agreement without Giving [M]. New York: Penguin Books, 1993。FEDERICO M, BEATY R. Rath and Strong's Six Sigma Team Pocket Guide [M]. New York: McGraw Hill, 2003.

二、社会工作项目中的督导者

督导者在社会工作项目中具有十分重要的作用,是一种能够确保服务有效且高效运作的专业岗位设置。在确保项目执行的是正确政策的同时,也要求社会工作机构对政策承担实质上的责任,并对机构内服务品质有效控制。为此对督导者岗位职责提出了三方面的要求:一是了解社会工作职业人服务的效果,帮助社会工作职业人按照机构的标准提供服务,并帮助自身有效提升服务技巧;二是通过运用机构的规定,以一种确保服务顺畅的方法来协助简化社会工作职业人的工作;三是根据机构职级的要求来评估社会工作职业人,并对薪资调整、职位升迁、合约续期和解聘等提出合适的建议(陈锦棠,2018)。本节所涉及的督导职责主要是前两个方面。社会工作督导涉及行政性督导、教育性督导和支持性督导三个领域(见表4-3)。

表4-3 社会工作督导的领域、问题与目标

督导的领域	主要的问题	主要的目标
行政性督导	关注正确、有效、恰当地执行机构的政策和程序	确保坚持执行政策和程序
教育性督导	关注社工对承担的工作所需的知识、态度和技巧的无知或愚钝	消除无知并提高技巧
支持性督导	考虑到社工的士气及工作的满意度	提高士气和工作满意度

资料来源:陈锦棠. 社会工作督导:经验学习导向[M]. 上海:华东理工大学出版社,2018.

(一)行政性督导

行政性督导就是为了确保有效开展业务时有一个工作环境,让社会工作职业人能够正确、有效而恰当地执行机构的政策与程序。特别是对正在执行的项目而言,社会工作机构要想为服务对象提供服务,就要有规划地进行任务安排与授权。督导者要根据社会工作职业人的长处和弱

点，以及工作负荷力，审慎地调配人员并作出计划，促使与项目有关的社会工作职业人之间相互联系、相互支持，对项目的持续推进产生互补作用，保障社会工作项目在具体的执行周期有品质地完成。

（二）教育性督导

教育性督导就是传递给社会工作职业人所需的知识和能力，使社会工作职业人提高能力，能够有效地开展工作。在这一领域督导者自身要做到全面了解需要学习的内容，了解有效的教学原理，能够创造、维持并管理一个容易促进学习的环境。在社会工作项目运行中，要激发社会工作职业人的学习热情，调动他们的学习积极性，在项目运行中让其获得学习的成就感。具体要借助教育性督导职能的五个维度让社会工作职业人获得专业性技能的提升：地点，包括机构的组织架构和行政，所有社区服务网络，机构的目标、政策等；问题，包括社会问题的原因，这些问题的心理、社会本质，社区对特定的社会问题的反应；人，包括人的一般需要，人对社会问题压力的行为反应；过程，包括提供帮助的技巧，社会学习、诊断、治疗、资料收集、处理、干预，获取信息，处理信息，施加社会影响力；员工，主要是发展更多的自我意识。这里面包含了教育的内容和社会工作职业人能力提升的方向。

（三）支持性督导

支持性督导就是帮助社会工作职业人对自己以及自己所做的工作感觉良好。督导者要在项目运行中调节社会工作职业人面对平衡对立的需要和期望的压力，能够客观地与服务对象保持专业关系和情感上的距离。督导者往往要有效地履行岗位职责和义务，以便更加合理地分配工作负荷，精确传输工作信息，通过清楚地传达机构对于项目的实施目标、期望和相互责任来预防工作中的压力，也会采取工作福利达到对社会工作职业人工作压力的舒缓。有人认为对于项目设计来说督导者的支持似乎不是十分重要，其实督导者的支持在整个项目环节都非常重要，因为社会工作是职业人与情境互动的一种工作样态，情境的复杂性需要支持性督导的存在。督导职能履行的关键在于项目执行中专业性、周期性和效果性的及时呈现，有利于项目执行进度把控与调整、资源配置利用优化、专业执行团队形塑和项目目标达成。

三、社会工作项目中的志愿者集结人

仅凭借社会工作职业人开展大量服务性项目,无法确保人力资本与项目运行的频率和周期。志愿者是社会工作机构项目运行中不可或缺的一个主体,它弥补了社会工作职业人不足的问题,解决了项目初期社会工作职业人与服务对象的边界问题。在社会工作项目团队成员中加入志愿者队伍,原因在于志愿服务工作任务的特点,它的内容跨越了从简单、重复、低技能、低自主性的志愿任务到复杂、多样化、高技能、高决策自主性的支援任务范围(缪其克、威尔逊,2013)。一个社会工作项目的运行,起初集结的志愿者开展的服务在于对前半句话的履行;但随着项目的推进,需要的是能够推进项目结项后依然可以持续推进服务项目持续运作的志愿者。对于这一点,社会工作职业人需要更加深入地认识到志愿服务不是我们单一层面看到的外部服务时助力项目的人员,而是一个由内而外的群体组织,可以说志愿服务会发生在机构外部也会发生在机构内部。

从志愿服务活动来看,志愿服务首先是发生在机构内部的,其任务是把社会工作项目服务递送给服务对象,不能因为空间的外展,将志愿服务看作机构外部的事情。无论志愿服务发生在什么空间,作为社会工作职业人都要有志愿服务是发生在机构内部的专业认知,这样才能真正明白志愿服务任务的两个维度对于社会工作项目运行的价值和意义。横向维度指志愿服务任务的专业化程度;纵向维度是根据范围来划分志愿服务任务的,主要的标准有权利、威望、自主权依据亲和性(缪其克、威尔逊,2013)。在社会工作项目执行中,服务领域的专业性是志愿者不可或缺的,因此对于横向维度的志愿者是项目团队要集结的主体之一。纵向维度的志愿者同样是社会工作项目运行中不可或缺的主体,对于纵向维度志愿者的集结在于有效发挥广大群体的参与,以此培育社区领袖,做到志愿服务队伍建设的长效化,这对营造社会志愿服务氛围起关键作用。因此志愿者集结人的主要任务在于带动相关群体的参与,形

成组织稳定的、某一领域专业的志愿服务，以及通过志愿服务团队进行机构组织对外宣传，以此来形塑口碑并践行新时代精神文明。

四、社会工作项目中的专业领域人士

专业领域人士配置主要是依据项目生发的服务模块来进行，这与项目服务内容本身的性质和项目中任务活动设计的实际需要有关。通常一个社会工作机构的业务范围会覆盖相对较广的服务对象，因此机构在生发项目时也是从一个非常广泛的服务对象群体去聚焦本次服务的主体人群类型。从领域大类来看，社会工作项目会涉及家庭、学校、社区、企业、医院、司法等领域；从服务对象来看，社会工作项目会涉及儿童、青少年、妇女、残疾人、老年人等人群。领域与服务对象往往是紧密联系在一起的，如果读者没有忘记，我们在第二章介绍理论时，就强调过社会生态系统理论，它所强调的是人与环境的互动影响。因此这里在分析团队中的专业领域人士时，也要注重领域和服务对象交叉中的专业人士选取。选择适合的专业领域人士加入社会工作项目团队，能够对项目中设计的服务起到专业品质提升的作用，也在一定程度上反映了社会工作职业人对于"术业有专攻"的理解。社会工作职业人并非全领域服务的专业人士，而是能够将支持服务完成并能确保服务效果的专业领域人士纳入项目中，发挥专业优势，这就体现了社会工作职业人的专业性。

社会工作项目聚焦的服务对象有明显的群体需要特征，围绕这样的群体开展社会工作服务，所需要的专业领域人士不在少数。因此，社会工作职业人必须将心理咨询师、医生、法律工作者等具有专业背景的人员纳入项目团队中。将上述人员放置于社会项目的执行团队中，他们会对修正项目服务方案中的专业技术目标，确保在任务活动执行中的专业技术有的放矢，让服务对象和项目发包方在团队成员的集结中看到组织承接服务的专业性，这在一定程度上确保了未来任务完成后能够获得的服务效果。

案例框 4-12：

"无碍公服、有爱生活——老年友好型社区建设"
项目团队专业领域人士选取

Y 社会工作服务中心对于"无碍公服、有爱生活——老年友好型社区建设"项目的团队成员组成，最难的便是专业领域人士的选择，原因在于为老年人营造安全舒适的适老化空间，包括了居家空间和公共空间，专业领域人士的选择需要考量的是无障碍辅助扶手质量和安装的专业问题。在前面资料框已经说明，Y 社会工作服务中心选择专业适老器材供应商提供产品和安装，这就很好地解决了专业领域人士开展服务的问题；有爱生活主题服务供给中 Y 社会工作服务中心对老年居家安全中的健康、消防和电信服务进行设置。如果只看单一知识的传播，那么社会工作职业人仅仅需要准备宣传和讲座的内容，但社会工作职业人并非以上三个具体服务领域中的专业人士，社会工作职业人对于传达项目具体服务内容的专业核心知识和理念的准确度将大打折扣，基于此 Y 社会工作服务中心选取了相应的专业部门开展专业服务。

服务主题		专业领域	专业人士（部门）
有爱生活	家庭健康急救	医疗卫生健康	卫健委、辖区医院、社区卫生站、医学院校
	家庭消防安全	消防救援	消防指挥大队、蓝天救援队、燃气公司
	电信诈骗	公共安全	公安局、网信办

Y 社会工作服务中心，在专业部门中根据自身资源连接能力，吸纳了卫健委、辖区医院、医学院校、消防指挥大队、蓝天救援队、燃气公司、公安局、网信办中的专业人士作为项目团队成员，其目标在于达到社会工作专业驱动下的社会工作服务的精准供给。

本章小结

本章是社会工作项目生发、运行中非常重要的一章，从目标到任务预示着社会工作项目进入具体的执行环节，其中所包含的每一个内容都将会影响到项目最后所要达到的效果。本章主要涵盖的内容有项目目标、项目任务和项目团队，它们共同构筑起项目运行框架。

项目目标是为项目提供一以贯之的方向，是一个由总到分的分层化设定。社会工作项目生发需要在假设过程后设定明确的服务目标，社会工作职业人要有界定总目标和分解分目标的能力。总目标可以有效地对项目本身的结果带来指向性，是对项目群体聚焦、项目测量和价值理念的一个融合性表达形式。分目标的设定与分解可以更好地以主题模块呈现对各部分服务内容的设置情况，也可以更好地对项目实施的优先级别进行确定，为项目执行的操作化和效果的可视化提供保障。

项目任务是达成结果的方式，包含了结果任务、过程任务和活动三个方面。结果任务是要在总目标上汇聚更为宏观层面的社会工作可行服务样态。借助过程任务对社会工作项目设计出一系列符合结果任务的详细服务执行主题。社会工作职业人需要将服务主题转化为具体项目任务，将时间、目标、结果、标准和责任放置到任务中，为服务对象的具体服务以及服务中所运用的方式搭建起项目运行的方案，再借助具体的活动方式来培育服务对象个体和外围空间主体的能力，以此去分析、解决他们所面临的问题或更好地满足他们的需要。

社会工作项目团队是确保项目良性运行的保障，团队成员包括管理者、督导者、志愿者集结人、专业领域人士四个类别。社会工作职业人要具有集结团队的能力，明确了解他们在社会工作项目执行中发挥着不同的作用，是项目执行的软实力。高效的项目团队需要根据项目目标集结确定，通过项目中所设定的不同模块任务明确成员在项目中的权利和义务，要注重发挥他们的角色特征，确保他们在执行的服务计划中能够有效将服务输送给服务对象，并对社会工作专业性彰显的关键衡量指标予以把控，让项目执行后的效果能够最大化呈现。

第五章 过程到结果：社会工作项目运行的效能评估

针对社会工作项目做好评估是重要且必要的。对社会工作项目开展的评估是对项目生发到运行的可行性分析、质量监控和调整完善。对于从过程到结果的评估，社会工作职业人需要具有两个层面的评估知识：其一是对评估重要性、评估意义和评估目的的理解；其二是对项目阶段化递进带来的评估类型和与之对应的评估问题、评估形式的熟悉掌握。对于评估重要性的认识主要是指对于项目改进、责任承担力、知识生产、政治轨迹和公共关系的聚焦分析，并能够围绕项目进展阶段、项目的行政和政治环境，以及项目结构指出评估设计方向。评估的真正开展则是在社会工作项目运行的前期、中期和后期，要对项目内容根据评估问题类型与形式进行评估。分两节内容为社会工作职业人介绍项目评估，内容的出发点是站在一个项目设计者和执行人的角度来看项目评估，项目评估计划设定和评估指标体系所涉及的内容是重点，力图指导社会工作职业人运用评估技能，让其能够以一种科学的评估方法对项目的整体运行效果进行评估。

第一节　社会工作项目评估的重要性与评估设计

社会工作中经常会运用行动反思型专业方法，因专业行动特性必然会在专业实施过程中进行针对行动的评估,前面章节所分享的社会工作项目设计与运行是对社会工作行动特性的一种最好诠释。因此在项目设计和运行中,为了使社会工作项目达到预期的效果,社会工作机构的管理者、设计者和执行人需要对社会工作项目评估具有先导意识,这有利于从项目一开始就能用标准卡尺对社会工作项目的可行性和执行效果予以测量。对于社会工作项目进行的评估是回应设计项目的初衷,即项目需要解决的问题是什么,进而明确为什么评估,以及要进行评估的方向。思考并回答了这些问题后,社会工作职业人也就对项目评估设计的意义有了一个更为深入的理解,能够将评估理念植入整个社会工作项目过程之中。评估的目的在于使社会工作职业人能够在专业素养驱动下改进、完善项目和服务,并判断项目和服务在未来的延展方向。

一、社会工作项目评估的重要性

评估最具挑战的一点就是没有"通用"的方法。每一个项目都具有独特性,这种独特来源于项目实施的情境、服务对象、参与其中的多元主体,因此难以寻找到一个标准化的评估方法。但是评估传达出的现实意义就在于:在未知中找到适合评估的环境,找到更好解决问题的方式与方法,让采取的策略能够发挥出最大效能抑或在发现问题时能够快速地解决问题带来的不确定性,让项目达到预期效果。

评估中的很多内容都反映了评估的重要性。首先,评估要解决大量有关民生的问题。政府通过评估问题来满足民众的民生需要,并采取项目发包的方式,践行政府为民的服务理念。因此评估所涉及的问题很多,包含项目对象的自身需求以及他们是否被充分地顾及和服务,也包含项目的管理和操作如何、服务的效果如何、项目是否达到预计的效果、项目的成本和效率怎样等,在这些问题被析出后,就需要运用评估去解决这些问题,评估也就自然而然地具有了分量(罗西、弗里曼、李普希,2002)。其次,评估中用来解决问题的方法和程序。评估者需要一项重要的专业技能,即指导项目执行人如何掌握有效、及时和可行的信息,这需要借助第二章中阐释的方法。方法因为具有科学的严谨性,评估的开展自然也要遵从这样的科学性，反映出评估的真实情况。最后，评估与项目各方关系的性质。评估不是一方参与的工作，而是多方共同参与有效互动，通过互动来提出和归类问题、实施评估，有效地利用评估结果，让参与到评估中的各方都能够对评估感兴趣，在高度合作中，获取对于项目的重要信息和意见，做到评估效能在后期项目执行中的优势发挥（罗西、弗里曼、李普希，2002）。在多方互动中目标指向对评估工作的探索，其中也蕴含着主体间对于项目勾连的关系判断，主体间关系的性质判断关系着项目执行中协同效率的高低。

不同主体有着不同的评估目的。社会工作项目评估是要获取项目效果的信息、提供决策所需的项目基金、回应政府对于服务供给的时代使命，但是社会工作职业人还是要问问自己评估的目的是什么。对于这个问题的回答，有时候简单，有时候复杂。简单来说就是发包方对于项目要求了什么，希望达到什么效果，要对钱花在什么地方做出说明，这就需要评估，目标指向对政府的负责。随着政府职能转变，政府开始注重发挥服务职能，评估便成为项目实施和政府发包中的一个常态化的工作。现实中的项目评估似乎只是一种程序性的存在，虽然评估过程中也有实质性的思考，但往往缺失了更为深层次的、对于项目服务于民的效果和价值的思索。所以评估与社会工作项目承接方有关，也与项目发包方有关，评估是全方位的。

鉴于本书写作的意义，我们把评估放置到社会工作项目生发、运行中来分析。社会工作职业人需要明确评估的目的，要尽量知道谁需要评估、需要怎样评估以及为什么需要评估等问题的答案。彼得·罗西、霍华德·弗里曼、马克·李普希（2002）等学者认为，评估的目的往往聚焦在项目改进、责任承担力、知识生产、政治轨迹或公共关系方面。

项目改进是借用项目评估的结果为项目执行提供必要依据和改进方向。目标在于使项目在后续的运行中执行得更加顺畅，服务质量更为优质。这一点也可以对应第二节的终期评估来进一步理解。项目改进的主要受益对象为项目管理者、设计者和执行人，推进项目改进体现着他们自身对于项目的兴趣和对职业的认同，有助于他们从项目的优质化服务供给上获得更多市场，惠及更多服务对象，让政府和服务对象能够认可。可以说评估中的项目改进是来自组织机构内部的，关注的改进并不仅仅是最后结果，而是通过结果来回溯整个项目过程中包含的每一个要素，让项目在执行中能够保证项目服务更新的时效性。

责任承担力是评估中多元化思考的一个因素，并非聚焦于某一个主体，而是包括全体参与到项目中的资源供给主体。首先涉及的就是为项目注入资金的主体，包括政府、基金会和企业等，需要用项目执行带来的实际社会收益去衡量他们投入资金的利用效率，基于原有项目的评估作出是否长期支持项目或者机构发展的判断。其次是项目执行中其他资源的提供主体，评估会关注所提供的资源在项目服务中的价值和意义，注重服务对象对于资源的反馈。最后是专业机构对于自身从项目生发、运行到营销环节带来的服务成效是否符合机构宗旨和项目初衷以及社会工作专业价值，这是服务专业化的一种责任承载能力，这份承担力会影响前面两个主体对于项目承担力彰显的力度。

针对知识生产的评估可以从两个方面来看待：一方面是在整个项目运行后，是否能够为相关主体提供某种决策和优化决策的信息，是否能够为后期相关项目的再生产做出有力支撑；另一方面是机构是否能够在项目执行中提升机构工作者或者服务实施地所在社区的工作人员干预社会问题的能力。如果在项目执行中吸纳了高校教师和专业学生，还要思考是否能够带来专业知识的反思性建构，是否能够为科学研究做出贡献。

公共关系策略意味着，评估被发起、被执行是一场多方主体关于项目在实际运行中的作用、效果和意义的对话。对于项目运行状态良好的评估界定，可以有效强化多方主体在评估环节的关系维系和加深巩固，为后期共同致力于项目发展建立资源链。对于项目运行未达到预期目标的界定，往往会成为某一主体用来反对项目、推迟项目或者终止项目的公关策略，这在现实项目运行中是存在的。但公共关系的处理并非评估的首要目标，对于这一因素的思考往往是要澄清、区分现实和理想的差距，以及调整方向，助力未来项目的开展。

社会工作项目评估的目标主要是促进社会服务和发展专业社会工作对于服务的支持。社会工作项目评估的起点应该是对社会工作机构的评估，主要考察机构的合法性，以及是否具有承接项目的条件和能力，通过评估反映出机构在促进服务中是否有明显的和直接的效果呈现（对于这一点的理解可以返回第三章机会模式中进行体会）。发展专业社会工作则是暗藏在上一个目标之中，这也是社会工作职业人自觉、自律、自我谋求发展意识的反馈。社会工作项目评估是项目管理者有目的的活动，评估活动的复杂性也使评估目标具有复杂性和系统性。因此，评估者要根据评估的具体目标选择合适的评估方法和设计相应的评估活动（顾东辉，2009）。

二、社会工作项目评估设计

作为社会工作项目设计者和执行人，社会工作机构的社会工作职业人在评估设计中将会得到更为丰富的实践经验，促使自我成长。因为评估设计需要嵌入真实情境中开展的优质社会工作项目，真实情境中所呈现的是社会项目的复杂性、变动性和社会需求性。因此，只有做好项目的评估设计才能在一定程度上确保项目能够立项，在后续执行中得以顺利进行。评估设计不仅旨在提升项目设计者的能力，也在积极回应社会。社会工作项目的设计和运行是社会服务转化的承载，因此是否将应有的福利递送给服务群体，需要运用评估设计对项目递送服务的有效性和速率进行说明，这是社会工作项目呈现社会效益的一个关键环节。这一环节做到位，项目服务便可以被服务对象群体认可，也会获得发包方的认可，并为机构带来良好声誉。

评估设计可以是对具体问题量化指标的设定，也可以是对现实情境反映出的社会现象导引出的服务进行情景分析和内容分析的主观问题设定。因为社会工作项目是与人打交道的媒介，需要评估设计者具有学科伦理，要从项目的管理层面入手，对评估设计需要解决的问题有一个宏观的架构（见表5-1）。

表 5-1　评估设计需要解决的问题

序号	具体问题
1	评估应该在何时何地开展？
2	要搜集哪些资料？
3	这些资料最好向哪些人搜集或搜集什么？
4	这些资料该如何搜集？
5	需要测量哪些变量？
6	对这些变量应该如何进行测量？
7	如何有需要，要控制哪些其他变量？应该如何控制这些变量？
8	所搜集的资料该如何组织和分析？
9	评估结果应该如何发表和运用？

资料来源：顾东辉. 社会工作评估［M］. 北京：高等教育出版社，2009.

以上呈现的是评估设计的粗略框架。评估设计要和项目运行的现实条件进行拟合，因此评估要围绕项目进展阶段、项目的行政和政治环境、项目结构三个方面进行设计（对于这一点的理解读者可以回到第一章项目生发中的问题源流、政策源流和政治源流的内容与案例进行比照）。

（一）项目进展阶段

社会工作职业人要注重对一个新项目，尤其是开创性项目的开始阶段进行评估，通常评估设计的细节包括项目所要满足的社会群体需要、项目方案、目标、目标人群的界定、预期结果以及获得这些结果的方式（罗西、弗里曼、李普希，2002）。新项目的评估是要回答项目服务带来的结果和社会效益产出问题，但回答这一问题确实很难，因为项目不可能在一开始的评估中就能对项目在具体情景中可能遇到的问题预设得那么全面而准确，需要有一个周期来摸索项目的具体情况，进而不断调整评估的设计，尽可能做到这一阶段评估的准确性，生活情境、社区情境和社会情境在此时具有同样的源起作用。项目进展阶段和相关评估的功用见表 5-2。

表 5-2 项目进展阶段和相关评估的功用

项目进展阶段	问题	评估的功用
社会问题和需要评估	在多大程度上满足社区需要和标准？	需要评估，问题描述
确定目标	怎样才能够满足那些需求和标准？	需要评估，服务需求
项目备选方案	用什么样的服务来产生预期的变化？	项目逻辑或理论
方案选择	什么样的方案可能是最好的方案？	可行性研究、形成性评估
项目实施	如何实施项目？	实施评估
项目运作	项目是否按计划在运作？	过程评估、项目监理
项目结果	项目是否获得了预期的结果？	结果分析
项目效率	项目的结果与成本比较是否合理？	成本收益分析、成本绩效分析

资料来源：MARK P, ANNE W. A Developmental Stage Approach to Program Planning and Evaluation [J]. Evaluation Review, 1989, 13 (1)：56-77.

（二）项目的行政和政治环境

当前社会工作项目的主要发包方是政府，因此项目落实政府政策，回应政府意图就成为社会工作项目运行中的一个重要内容，对政策的理解和运用在一定程度上是项目社会效益产出的关键依托。社会工作项目内容与当下政府政策的匹配是项目执行意义的一种体现。现实中社会工作职业人对于项目整体环境的分析过于关注专业理念层面，导致项目生发与运行过程中与项目落实的现实情境分离的问题出现，这就需要社会工作职业人能够把控项目产出和运行的背景因素，在评估设计时制定一个反映所有重要观点和利益关系的评估规划，至少要和当下政府政策导引的方向保持一致，这样才能够把政策内容转化为项目资源，在宏观层面发挥现有项目执行的行政和政治环境优势。

围绕政治环境进行评估设计要遵循三个原则：一是社会工作职业人要从参与项目某一方的观点出发设计评估，尤其要注重评估主办方指定的第三方观点，对于这一点的有效理解，读者可以返回前面章节阅读社会工作项目生发的假设测量过程的相关内容；二是如果各方对于评估设计有不同意见，评估者就应该尽量提供一种可能，让冲突各方就有争议的部分能够相互理解，但从现实执行中的评估来看，评估条目设计的粗线条有效地避免了这一类问题的出现；三是评估者必须认识到，尽管项目各方会尽最大努力来沟通和制定适宜的评估规划，但各方始终会坚持自己最基本的观点和立场。这也是笔者为什么在这里要对评估设计的环境进行讨论的原因。这本书的写作目标是让社会工作职业人能够有效且清晰地认识到社会工作项目的生发、运行与营销，所以本节呈现的评估设计是要让社会工作职业人将评估放置到机构内部这个简单的环境中去思考，用评估设计的技能来助力项目实施，从评估主体的角度逆向思考，让微观现实情境能够折射出宏观政策环境。

案例框 5-1：
"无碍公服、有爱生活——老年友好型社区建设"
项目的行政和政治环境评估设计

行政和政治环境的主体	评估设计	评估的功能
项目运行的社区	多大程度上为社区需要带来满足？	成果显现
社区所在的街道办事处	多大程度上回应街道民生实事？	政策落地
社区所在区域民政局	怎样对接民政局的工作需要并达到标准？	政策落地与实施效果
参与项目的政府委办局	怎样给部门职责有效落地带来效益？	政策落地与实施效果
资源供给主体	怎样彰显社会责任？	社会效应

(三) 项目结构

项目结构包括项目的概念化结构和组织化结构。概念化结构就是为了评估设计在操作过程中更加具有指向性，能够清晰明了地呈现出项目的整个运行框架。组织化结构更多倾向于项目的具体执行环节的保障性预测，结构涉及明确的项目性质，提供的服务，目标人群的差异、范畴和特点，服务地点和设施的定位，行政安排，项目记录保存程序等方面内容。在对项目评估进行设计后，随后进入的是对项目过程和结果的评估。

社会工作项目效能评估不是一个结果性的评估，而是贯穿在整个项目的生命周期中，从项目的假设开始到项目的实施再到项目的结束。项目评估应该被社会工作项目的管理者、设计者、执行人置于社会工作项目的每一个环节之中，评估的效果反馈应该运用到项目的持续执行环节之中，这样有利于项目生命周期的延续与发展，也有利于项目的成熟和后期有目的性的复制。针对这一点将在下一节通过阶段化评估的分类进行详细的展示。

第二节　社会工作项目评估类型与具体指标问题

社会工作项目评估根据项目不同阶段可分为项目前期评估（可行性评估）、项目中期评估和项目终期评估三个环节（见图5-1），也有学者根据评估督导和效果显现将其分为过程评估和结果评估两个环节，或者根据效益获取将其分为经济评估与社会评估两个维度。第一种分类的前、中、终期评估均体现了过程与结果评估，阶段化更加明显。从效益获取来看，经济评估与社会评估在前、中、终期评估内容上也有所涵盖，这就要看自评人或者评估者采取什么样的评估类型来对项目进行评估。无论什么评估类型，运用什么指标进行评估，其出发点和落脚点都要看项目执行周期中资源的最大化配比带来的服务效果。因此在本节中，作为一种项目评估的方法类型，笔者将从项目前期评估、项目中期评估、项目终期评估展开介绍，目标在于以评估促进社会工作项目的良性发展。

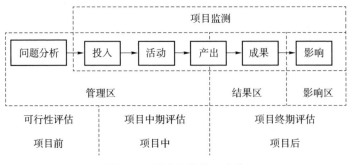

图 5-1　项目评估的三阶段

资料来源：商道纵横. 跨界对话：公益项目实战宝典 [M]. 北京：社会科学文献出版社，2016.

一、社会工作项目前期评估

社会工作项目前期评估内容包括项目服务对象需要分析评估、项目合作方的驱力评估、项目成本评估、项目依托理论拟合度评估四个方面的内容，有些内容在前面的章节已经介绍，这里将进行必要的补充和展示。

（一）项目服务对象需要分析评估

项目服务对象需求分析评估实际上是预估服务对象有什么需求，以此作为社会工作项目服务设计的基础——社会工作的基本理念之一就是通过服务回应服务对象的需要（赵海林等，2018）。这里的服务对象是指社会工作项目中的直接服务对象，而非在前面章节中所提到的广义服务对象或者利益相关主体。有关需要评估的问题见表 5-3。

表 5-3　有关需要评估的问题

问题类型	具体问题
有关需要评估的问题	1. 问题的本质与范围是什么？ 2. 人群的需要是什么？ 3. 需要什么样的服务？ 4. 所需要的服务规模多大？在什么时候需要？ 5. 为了将服务提供给人群，应该安排怎样的传输渠道？

资料来源：顾东辉. 社会工作评估 [M]. 北京：高等教育出版社，2009.

案例 5-2：
"无碍公服、有爱生活——老年友好型社区建设"
项目需要评估的情境性问题设置

需要评估的问题	Y 社会工作服务中心的需要评估问题
1. 问题的本质与范围是什么？	1. 问题的本质与范围是什么？
2. 人群的需要是什么？	2. 人群的需要是什么？与其共同生活在同一空间中的其他人需要是否能与这一群体拟合？或者这一人群的需要能否惠及与其生活在同一空间的其他人？
3. 需要什么样的服务？	3. 需要什么样的服务？个体的还是公共的？
4. 所需要的服务规模多大？在什么时候需要？	4. 所需要的服务规模是围绕这一群体的还是这一空间？需要对项目服务对象的延展进行思考
5. 为了将服务提供给人群，应该安排怎样的传输渠道？	5. 为了将服务提供给人群，应该安排怎样的传输渠道？社区等主体为此群体供给服务已经形成了什么渠道？

（二）项目合作方的驱力评估

作为社会工作项目的策划方，社会工作机构需要在对深耕区域服务供给进行严密思考后，在分析服务对象需要的基础上，形成服务供给内容的主题模块，并析出服务顺利开展的资源清单，确定哪些是社会工作机构自身所具有的资源，哪些是需要通过寻找合作方而获取的资源。对于社会工作机构自身没有的资源，就要对具有这些资源的其他社会组织或者企业、基金会等主体进行资源联动，对资源的存在进行评估，这是社会工作机构尝试寻找合作渠道的关键。此外还需对拥有资源的合作方在合作中的价值目标了然于心，资源的供给是出于何种目标而为之，是为自身发展拓展客户群、扩大产品宣传效应，还是要完成自身任务抑或彰显自身参与服务的大爱价值，总之，要明确资源供给的目标，这是社会工作机构在链接项目资源时必须要评估的问题。拥有资源的合作方因目的不同，给社会工作项目带来的效果也不同。例如资源的合作方基于拓展客户群来扩大产品宣传效应，那么他提供资源的核心理念就会倾向宣传自身产品而非助力服务效能的彰显。如果资源的合作方重视自身任务完成，那就是对资源的一种线性传递，缺少了资源在服务中可能具有的增能专业特质。以上的资源合作者，可能会在服务供给中作为独立的执行人参与到服务中，但由于他们自身缺乏社会工作的理念价值和专业技术，目标往往是自身利益最大化，而非服务群体受益最大化。如果资源的合作方是在参与公益、服务群体的价值理念下进行资源供给，那么社会工作机构的项目设计者和执行人将会以自身的专业性服务发挥资源的最大效益，让服务目标得以实现。因此，社会工作机构的管理者、项目的设计者或者执行人在选择合作方时，对合作方的参与驱力进行评估是十分重要的。

案例框 5-3：

"无碍公服、有爱生活——老年友好型社区建设"
项目对资源合作方选择的评估

　　Y 社会工作服务中心在 QY 社区开展的"无碍公服、有爱生活——老年型友好社区建设"项目中，服务主题之一是围绕社区空间安全而进行的楼梯间辅助扶手的安装项目，对于辅助扶手，Y 社会工作服务中心最初的资源获取方案分为两种。

　　第一种是 Y 社会工作服务中心运用项目经费自行设计并寻找供应商制作，自行发动社区中的群体作为参与者完成对无碍设施的安装。这一方案的优势在于服务对象能够参与到项目中，更深入地理解项目对于自身社区的价值和意义。这种方式有利于机构自主性、联动性的发挥和群体参与的组织能力呈现。弊端是对于机构的任务量相对较大，所需的专业设计、安全测试问题是机构自身无法完成的，可能会为今后无碍公服投入使用带来安全隐患。基于弊端的分析便扩大了机构对于不同资源合作方的选取。

> 第二种是将无碍楼梯间辅助扶手的资源供给（包括设计、安装）委托给有专业资质的企业，借项目的公益性为企业彰显企业责任带来可行路径，并由 Y 社会工作服务中心予以宣传推介。这一方案不足之处是机构将服务外包，但也正是这一点不足凸显了这一方案的优势，即保障了辅助设施的安全性能，将专业的事情交给专业主体来完成，符合项目设计的初衷"安全出行"，也符合社会工作中对于改变媒介系统的知识运用。因此，项目运行中也减少了与设计、安全检测等合作商的资源对接，这将有助于社会工作项目设计者在以"楼梯间辅助扶手"为核心的服务延展上获得更多的服务内容空间，有利于更广泛主体的参与，有利于社会工作职业人的职责回归到专业领域。但在服务对象参与度的引导上这一方案确实存在着不足。

（三）项目成本评估

项目成本评估是对社会工作项目费用优化配置效能的前置分析，通俗来讲就是经费预算的合理安排，这里面要计算项目执行费用和效益两大类。费用是指为拟执行社会工作项目投入的社会劳动和资源消耗的真实价值；效益是指项目产出的全部有益的效用，它可以包括以价值形式表示的劳动成果或以使用价值衡量的效用。

在对项目成本评估时要遵从最有效原则、最经济原则和费用效益比原则。最有效原则是指当费用不变时，效益最大者为优，换言之就是在规定的成本费用条件下使项目获得最大的效益。最经济原则是指当效益不变时，费用最小者为优，也就是用最小的代价来获得既定的效益。费用效益比原则是指当费用与效益都不固定时，取效益与费用之比值最大者为优，即单位费用取得的效益最大者为优（张少杰，2018）。

案例框 5-4：

"无碍公服、有爱生活——老年友好型社区建设"
项目服务分项报价表

序号	分项服务内容	受益人数	单价（元）	总价（元）
1	无碍公服——居家和公共空间无障碍出行服务	个体受益人数（项目总经费与受益人单价之比）	每位受益人服务享有单价≤300	A1. 资金占比较大
2	有爱生活——健康、消防、防电信诈骗素养提升服务			A2. 资金占比较小
	项目总价（元）		A1+A2 = 100000	

案例框 5-5：

"无碍公服、有爱生活——老年友好型社区建设"
项目成本预估

受益人数×300元/人 = A1元（场次：长效社区社会工作服务）		
序号	资金名称	资金明细
1	楼道间无碍扶助	单元数、每单元楼梯扶手米数、每米成本价
2	单元门口无碍通道	单元数、无碍通道平方数、每平方成本价
3	居家安全助力扶手	受益家庭数、每家庭助力扶手米数、每米成本价
4	无碍扶助设施志愿者护理费	单元数、人数、执行频率、单次补助金
5	社区志愿服务专人指南标识	设施护理人标识卡、单元数、成本价
6	其他费用	不可预计的相关费用

(四)项目依托理论拟合度评估

社会工作项目的设计就是为了能够有效地服务特定或者更为广泛的服务对象。服务对象接受服务后所要达成的目标在假设阶段就已经进行了尝试性思考,即便做到了项目服务执行的推演,在社会工作项目设计过程中,设计者也会不自觉地将视野聚焦在以游戏化、娱乐化形式开展的服务层面上,偏差性地认为游戏化、娱乐化就是满足目标服务群体需要的方法。事实上,游戏仅仅是过程任务中活动推进的一个媒介,真正在社会工作理念下实现服务群体目标,需要在项目设计时对社会工作专业理论和服务对象需要的拟合度进行评估。理论的拟合度越强,项目设计出的服务内容和运行方式越能够有效地满足服务群体的需要,这样才能在项目执行后为服务群体和社会带来真实的社会效应。有关项目理论评估的问题见表5-4。

表5-4 有关项目理论评估的问题

问题类型	具体问题
有关项目理论评估的问题	1. 应该为什么样的服务对象提供服务?
	2. 提供什么样的服务?
	3. 对服务而言,最好的传输渠道是什么?
	4. 项目怎样才能确立、重新招募和保证既有服务对象数量?
	5. 应该如何组织项目?
	6. 对于项目而言,怎样的资源是必需而又合适的?

资料来源:顾东辉. 社会工作评估 [M]. 北京:高等教育出版社,2009.

案例框 5-6:
"无碍公服、有爱生活——老年友好型社区建设"项目专业理论运用与服务对象需要的拟合度呈现

Y 社会工作服务中心在 QY 社区开展的"无碍公服、有爱生活——

老年型友好社区建设"项目中，依托老年群体生理、机体功能性下降进行需要分析而产出具有公共普惠的无碍空间安全项目。简单来看，QY社区具有老旧小区的特性，步梯楼是老旧小区的主要样态，公共服务设施薄弱，老年人外出上下楼以及居家安全存在风险。

围绕老年个体需要满足，Y社会工作服务中心采取了居家安全的厕浴辅助设施安装，满足老年人居家安全。

当走向公共区域时，安全如何保障？Y社会工作服务中心为老年人开展了楼梯间辅助扶手安装的公共空间安全项目，在服务老年人的同时惠及与老年人同住一个公共空间的其他群体，为社区建设友好型老年社区带来适老性空间指标的达成。这一点反映出Y社会工作服务中心在看到老年群体需要时，从需要出发走向满足需要，就是对需要理论与项目的有效拟合。

Y社会工作服务中心从思考老年个体抑或老年群体的安全向外延展，即从居家到公共空间，生成的社区公共项目惠及的是社区的每一个主体，满足他们享有安全舒适生活需要，这一点与社区为本理论相拟合，特别是当社区主体需要以一种项目实施达到老年友好型社区建设的目标时，这就进一步为项目设计中的社区为本理论拟合提供了逆向验证。

这是对一个已经执行完的项目的实施过程进行的分析，是对理论与实践的验证性阐释。反过来一个社会工作项目设计者，需要的就是在项目假设环节对自身专业知识体系中存在的理论知识予以经验化释义，释义的过程就是对准备开展的服务项目的一种理论与项目拟合评估。

案例框 5-7：

"无碍公服、有爱生活——老年友好型社区建设"
项目理论评估的拟合度问题设置

理论评估的问题	Y 社会工作服务中心的理论拟合度评估问题
1. 应该为什么样的服务对象提供服务？	1. 应该为什么样的服务对象提供服务？从他们自身的需要、优势还是其他方面开始？
2. 提供什么样的服务？	2. 基于生态系统理论梯度可提供什么样的服务？提供满足个体需要的服务还是群体甚至更为广泛的群体所能够享受到的专业性公共服务？
3. 对服务而言，最好的传输渠道是什么？	3. 传输渠道是单一的还是多元的？
4. 项目怎样才能确立、重新招募和保证既有服务对象数量？	4. 项目怎样才能确立？服务对象数量与服务空间群体惠及性数量应该如何界定？
5. 应该如何组织项目？	5. 在什么样体系下组织项目？
6. 对于项目而言，怎样的资源是必需而又合适的？	6. 对于项目而言，怎样的资源是必需而又合适的？

二、社会工作项目中期评估

项目中期评估内容包括项目进度评估和项目实施阶段性评估。

（一）项目进度评估

项目进度评估主要是评估社会工作项目的执行是否按照预先设定的执行周期进行，每一主题的服务推进都是为下一主题服务开展奠定基础，也是项目按照发包方具体的项目执行周期有序运行的进度监控，在达成服务质量的同时确保项目如期结项。在项目进度安排中社会工作职业人一般会利用甘特图来对照项目的进度（见第四章案例框 4-6）。这一阶段可以是项目的管理者、执行人作为评估者自行做出进度比对，也可以是项目督导者对照进度评估服务实施效果，还可以是委托的第三方通过查阅资料以及听取汇报进行评估。项目进度评估的内容包含项目服务主体人数、项目服务主题场次、过程中遇到的困难以及采取何种解决方案等。

（二）项目实施阶段性评估

项目实施阶段性评估是对项目具体的执行环节进行评估，可以对模块进行评估，也可以对模块下的主题或主题下面每一个具体活动执行进行评估。即便项目设计者在社会工作项目的规划设计阶段做出了假设性的推演，但在项目真正执行中，也因为具体执行情境、参与主体的变动而带来不一样的项目服务效果。这一阶段的评估指标很难以一种标准化指标来拟合服务执行，因此更多的是通过经验丰富的项目执行人或者督导者开展此项工作，也可借助其他社会工作机构的旁观者来进行项目执行的反馈。项目实施阶段性评估指标往往更具有主观性，但这样的主观性却是一个细致的思考过程。这一阶段的评估主要是为了发现问题、调整执行周期和调整服务内容来解决问题，尽可能在项目服务调整更新中达到项目预设的执行效果。有关项目过程评估的问题见表 5-5。

表 5-5 有关项目过程评估的问题

问题类型	具体问题
有关项目过程评估的问题	1. 达到了行政性和服务性目标吗？
	2. 既定人群得到了既定的服务吗？
	3. 是否存在需要此类服务但服务还未涉及的人员？
	4. 在服务过程中，是否针对足够的群体服务对象完成了服务项目？
	5. 服务对象对服务满意吗？
	6. 行政的、组织的以及个体的功能是否得到了充分的发挥？

资料来源：顾东辉. 社会工作评估 [M]. 北京：高等教育出版社，2009.

案例框 5-8：
"无碍公服、有爱生活——老年友好型社区建设"
项目过程评估的目标达成度设置

过程评估的问题	Y 社会工作服务中心的项目执行过程评估问题
1. 达到了行政性和服务性目标吗？	1. QY 社区构建老年友好型社区的适老空间是否达成行政目标和服务目标？
2. 既定人群得到了既定的服务吗？	2. 老年直接服务对象的需要满足是否予以实现？
3. 是否存在需要此类服务但服务还未涉及的人员？	3. 是否存在需要此类服务但服务还未涉及的人员？服务是否具有对特定主体精准性与公共惠及共享性的呈现？
4. 服务过程中，是否针对足够的群体服务对象完成了服务项目？	4. 服务中的直接受益对象群体对于服务的感受性如何？间接受益对象对服务供给的认识是什么？
5. 服务对象对服务满意吗？	5. 服务对象所在社区对服务满意吗？服务对象自身满意吗？
6. 行政的、组织的以及个体的功能是否得到了充分的发挥？	6. 服务执行过程中社会工作机构是否激发了基层政府、资源合作等主体的功能？

三、社会工作项目终期评估

项目终期评估内容包括项目结果评估、项目效率评估、项目可持续性评估和财务评价。

（一）项目结果评估

项目结果评估主要是对已经执行完成的社会工作项目在服务对象和社会效益中是否具有影响进行评估，具体指的是项目执行后对于服务对象的行为、态度和认知等方面是否发生了预期的改变（赵海林等，

2018)。有关项目结果评估的问题见表5-6。

表5-6 有关项目结果评估的问题

问题类型	具体问题
有关项目结果评估的问题	1. 所需要达到的目标是否已经达到？ 2. 服务对参与者是否有有利的影响？ 3. 服务对参与者是否有负面的影响？ 4. 服务对某些参与者的影响是否比对其他人的要大？ 5. 服务试图改善的问题或情况是否有所改善？

资料来源：顾东辉. 社会工作评估［M］. 北京：高等教育出版社，2009.

案例框5-9：

"无碍公服、有爱生活——老年友好型社区建设"项目结果目标达成对照

项目结果的问题	评估结果
1. QY社区和老年群体所需要达到的目标是否已经达成？	QY社区构建老年友好型社区的适老空间形成，QY社区老年人在健康、消防、防电信诈骗方面的素养有所提升
2. QY社区社会工作项目服务对参与者是否有有利的影响？	居家消防安全进行了改善
3. QY社区社会工作项目服务对参与者是否有负面的影响？	存在项目结束期的依赖
4. 广义对象在接受项目服务后，服务对某些参与者的影响是否比对其他人的要大？	作为直接受益对象的老年人在安全意识和居家安全上有明显的提升和改善；家人对于安全的困惑减少，他们成为项目影响较大的群体
5. 服务试图改善的问题或情况是否有所改善？	居家空间安全和社区共享空间无障碍设施获得完善；受益对象在健康、消防、防电信诈骗方面的意识有所提升，学会了自我改进和有效拒绝

(二) 项目效率评估

项目效率评估是对社会工作项目的投入产出比进行评估，以判断社会工作机构在项目执行中是否有效利用了资源，并对资源进行了最优配置，形成了最大产出。有关项目效率评估的问题见表 5-7。

表 5-7 有关项目效率评估的问题

问题类型	具体问题
有关项目效率评估的问题	1. 资源是否被充分利用？
	2. 与收益最大量比较，成本是否合理？
	3. 是否还有其他的方法能够帮助降低成本并获得同样的结果？

资料来源：顾东辉. 社会工作评估 [M]. 北京：高等教育出版社，2009.

(三) 项目可持续性评估

项目可持续性评估是对已经执行完成项目的后续服务供给中的可复制性和周期性运转情况的分析。项目可持续性评估可以看出社会工作机构对于项目设计时所展现出的专业视野广度，折射出的是社会工作职业人对服务区域、服务群体周期化服务供给的累积与递进思考。此项评估可以为所在社区发展带来整合型的服务样态，也可以为社会工作机构本身带来服务品牌形塑的可能。这一阶段主要是对社会工作项目的整体性进行分析，关注过往，更注重项目未来的发展延伸。有关项目可持续评估的问题见表 5-8。

表 5-8 有关项目可持续评估的问题

问题类型	具体问题
有关项目可持续评估的问题	1. 项目确定的目标是一个具有长效执行的目标吗？
	2. 项目利益相关方的感触如何？
	3. 项目是否产生本期项目目标以外的成果？
	4. 服务对象和服务开展所在区域的改变是由该项目带来的吗？未来可以延展的路径方向在哪里？

续表

问题类型	具体问题
有关项目可持续评估的问题	5. 运营该项目的成本是否有下降的空间或者获取外来资源的渠道？
	6. 对于社会而言，项目的价值是什么？
	7. 项目成功的经验有哪些？
	8. 此类项目可以总结出什么共性的原则和模式？

（四）财务评估

财务评估是观察社会工作项目服务实施优质与否的一个切入点。财务评估包括对社会工作机构的财务会计人员和会计机构、会计核算、财务制度、财务公开、税务和票据管理五个方面进行评估，共包含十六个评估指标，旨在全方位对项目资金是否用于项目具体服务展开评估。这一环节的评估是社会工作项目结项的必要环节，也是对社会工作机构合法运营的有效监控，同时也为后续项目资金的良性运用和合理配置进行优化指导。

项目终期对于财务评估的主要目的：一是从项目的角度出发，分析项目投资产出效果，判断社会工作项目开展后获得的实际社会成效；二是为下一周期社会工作项目的申请和执行做好资金使用规划；三是为社会工作项目已产出的社会成效与发包方预期成效进行对比提供依据；四是优化项目服务支出与社会工作机构运营费用比例（这一点在不同区域会有所不同，因为不同区域对于社会工作机构的运行费用使用比例不同），确保社会工作项目中具体服务执行过程中所彰显出的价值理念与以人民为中心的价值理念保持一致。财务评估中所使用的工具通常是以评估指标体系量表和实地参与式感受，两种工具相互配合使用最为常见。有关项目财务评估的问题见表5-9。

表 5-9 有关项目财务评估的问题

问题类型	具体问题
有关项目财务评估的问题	1. 会计人员是否具有会计从业资格证？
	2. 在岗会计人员最近两个年度是否均按规定完成继续教育？
	3. 会计人员变动交接手续是否齐全？
	4. 有没有虚列费用？
	5. 是否使用合规票据作为报销凭证？
	6. 原始凭证是否齐全（记账凭证内容是否完整，凭证签字和签章是否齐全，票据使用、管理是否规范）？
	7. 账和账表是否相符？
	8. 是否严格按《民间非营利组织会计制度》设置会计科目、编制财务报表？
	9. 库存现金余额情况如何？
	10. 是否建立健全财务管理制度（经费来源和资金使用符合章程规定，财务各项支出审批符合规定程序，按规定使用和管理银行账户）？
	11. 业务活动成本及管理费用占业务活动比例是否符合要求？
	12. 是否有具体项目活动收支情况表（或说明）？
	13. 活动收支是否平衡？资产是否稳步增加？
	14. 年末净资产是否不低于登记的开办资金数？
	15. 每年是否按时进行财务审计？
	16. 是否依法按时纳税？

针对项目服务做好评估是重要且必需的，但容易忽视充当项目丰裕之态的"资金"对于助力项目持续发展的关键影响。目前社会工作机构的项目承接均来自政府购买服务，服务事业的蓬勃发展，使得资金与服务体量失去平衡，通常人们会认为资金渠道的拓展才应该是解决与服务不相匹配的关键。但当下社会工作服务发展的速度与社会工作服务呈现出的效果，存在着现实失衡的情况，因此对于资金有效支持社会工作项目，让资金的效用达到最大化就成为关键要素，必须要将资金运用

放置到评估中予以考量，目的在于避免决策和服务执行中对于资金的浪费（张少杰，2018）。如果一个社会工作机构的项目管理者忽视了对项目服务效果的评估，那就应该在整个项目评估过程中借助对资金的优化来进行项目服务质量的评估，以资金与服务最大化配比来对项目服务效能予以评估。从资金运用评估切入服务评估将有利于优化项目服务效能。

本章小结

在本章小结时，笔者要在社会工作项目的生发、运行到社会工作项目评估这一环节进行一点说明，作为本章总结的前置说明。如果你已经读过这一章，或者你执行过社会工作项目，你会发现笔者将评估集中在一章中进行了说明，主要是想让社会工作职业人对于社会工作项目生发、运行有更为清晰的模块知识认识。在社会工作项目生发、运行的整个过程中，评估是贯穿在整个项目设计周期和执行周期以及结束期之中的，因为轴线性地贯穿在整个项目的生发、运行和结束期，所以评估具有散点特征。这一章的知识分享也请各位读者能够对比前面章节进行自我理解，这样可能会达到事半功倍的效果。本章主要围绕社会工作项目评估的重要性、评估设计、评估过程与具体指标问题设定进行了分享，本章中的主要知识在于呈现指标的作用。

对于社会工作项目评估的重要性认识是非常重要的，我们要将其作为一种保障项目有效运行的科学方法予以重视，并要将其作为一种方法运用到项目中，才能够有效彰显评估的意义。评估目的是要进一步说明评估对于项目长期执行的重要性，通过对项目改进、责任承担力、知识生产、政治轨迹或公共关系进行分解说明。评估设计是要告诉社会工作职业人在评估效果时，需要工具和指标。评估设计主要是围绕项目进展阶段、项目的行政和政治环境、项目结构三个方面做出自我解读，并将评估设计的指标运用于社会工作项目评估中，发挥应有作用。

在社会工作项目的评估过程与具体指标方面主要对项目评估的前期

评估、中期评估和终期评估进行阶段化展示。前期评估主要聚焦在服务对象需求分析评估、项目合作方的驱力评估、项目成本评估、项目依托理论拟合度评估；中期评估主要围绕项目进度开展阶段性评估；终期评估落实在项目结果评估、效率评估、可持续性评估和财务评估方面。通过三阶段过程评估和十指标具体问题与案例的结合分析，为社会工作职业人提供过程到结果的社会工作项目效能产出评估关注点和质量监控技术。

第六章　宣传到认可：社会工作项目营销的传播效应

对于社会工作项目营销的思考似乎不是社会工作职业人要做的专业事情，应该交给专业的营销公司去做，将项目服务带来的效果传播出去。本书所涉及的社会工作项目的营销和专业营销公司的营销有着不同的内涵。专业营销公司对基于项目服务产生的内在品牌化无法塑造，在服务项目品牌的专业性传达方面还需要社会工作职业人来介入，其原因在于对社会工作专业性的理解很难在短时间内由社会工作项目设计者通过言语输送到专业营销公司的策划者大脑中，为此专业营销公司无法很好地将政府的理念与服务对象所需的服务进行契合。因此社会工作项目的营销是一个阶段过程中复杂的技能运用，包含服务宣传、品牌推广等内容。针对社会工作项目的营销并非一件虚假谄媚的事情，而是在整个社会工作项目的全程链条上进行一种持续交换有价值东西的对话。因此，从宣传到认可的营销传播中，社会工作职业人需要具有项目传播的策略。首先，宣传载体要进行阶段划分，将宣传材料和宣传方式有机结合到阶段化的宣传中，明确宣传的广度和不同群体的广泛接收性；其次，需要关注社会工作机构理念、服务群体，打造品牌项目，营销要讲好项目故事，在感受性上带来体验式传导，让项目具有可触摸性。

第一节 社会工作项目宣传的阶段与方式

社会工作项目宣传是设计和运行中都必须要呈现的主要内容，设计中的宣传主要是为发包方呈现未来项目运行中如何将服务递送给服务对象，表明在运行后可能带来的社会效益将通过什么样的渠道被社会所了解。社会工作职业人要询问他们关心何事，将社会工作机构的善因与他们的价值观联系起来，米勒（2016）认为这是值得尊敬的事情，优秀的市场营销其实是一场对话。既然是一场对话，对话中就需要呈现情感利益、自我表达利益和社会利益（阿克、王子宁，2019）。可以确定的是，这并不是某一情境下的片段对话，而是在项目运行中社会工作机构要以具体环节展开一种持续交换有价值信息的对话，一方面是为了完成立项时制定的项目任务，另一方面是把优质服务供给需要服务的群体，达到项目预设的目标。这样的对话所作的是一种项目服务推广，同时也是为塑造品牌而采取的一种方式策略。所以在执行期的开始阶段便是项目营销的真正开始阶段，关乎项目服务的成效呈现和服务品牌的塑造。本书有意将一个完整的社会工作项目产出模块化，这样可以看到社会工作项目宣传的阶段特性，从而呈现出不同阶段所应采取的宣传方式和对象主体是不同的现实情境。这就需要社会工作机构能够选择适合不同主体的宣传渠道和方式宣传，旨在让社会工作项目获得服务对象的青睐，并能在项目执行中获得资源供给主体和发包方的认可，为后续社会工作机构推出的服务项目寻求一条可持续发展的道路。

一、社会工作项目宣传的阶段划分与目标推进

项目宣传实则开始于项目生发阶段，在项目生发阶段的项目申请书中就要体现项目的宣传方式，文本中的宣传方式主要是为了让发包方能够清晰理解服务内容，以及服务带给服务对象后的社会效益呈现。从宣传方式上可以看出，社会工作机构如何在项目中凸显发包方服务理念，借何种方式传播社会关怀与美好生活实现的价值目标。对于社会工作项

目设计中的宣传方式，在文本上是一种规划形式，但对其自身具有的专业效应和领域影响力，要在前期宣传开始后持续进行，其作用是为了给执行阶段的宣传奠定基础框架。

在社会工作项目的执行阶段，宣传要尽量简单明了，通过项目执行期的不同阶段推进，要将宣传贯穿到整个项目始终（见表6-1）。宣传要聚焦核心服务对象对于服务的了解，以及项目为服务对象带来什么样的改变。此外，还要注重针对不同合作者的需要开展不同形式的宣传工作，为后续社会工作项目品牌营销奠定基础。

表6-1 项目宣传

不同阶段	内部目标	外部目标
前期宣传（项目推出前）	1. 赢得内部管理者的支持； 2. 吸引内部的其他个人和项目组支持，对于营销宣传投入一定比例的资金	1. 在更广泛的社区宣传各主体参与项目的历史和实际贡献； 2. 宣传主体以往参与营销活动的历史，减少人们对于本次活动的疑虑和批评； 3. 从资源获取主体身上为项目营销寻找更多的支持
项目推出阶段的宣传	1. 为项目在企业、慈善团体内部赢得积极的支持； 2. 突出宣传内部权益人在实现活动的既定目标和促成合作伙伴关系顺利发展的过程中所发挥的重要作用； 3. 为实现既定目标获取更多的支持	1. 宣传活动的终极目标和持续时间； 2. 吸引所有权益人对项目和合作伙伴关系予以大力支持； 3. 为实现既定目标获取更多的支持

续表

不同阶段	内部目标	外部目标
后续宣传	1. 继续为合作伙伴关系增添能量和赢得支持; 2. 向有关各方提供目标完成状况的最新资料; 3. 感谢相关权益人截止到目前对项目的支持; 4. 提醒相关权益人继续关注营销项目的目标所在,并提醒他们,因项目营销结成的伙伴关系是有时间限制的	
项目结束后的宣传工作	1. 表扬和感谢所有内部和外部的相关权益人对活动的支持; 2. 感谢所有令项目取得成功的"榜样"; 3. 提供有形的、能够证明营销项目成果的资料; 4. 宣布合作伙伴关系下一步的发展方向:说明之前的合作是最后一次合作,还是下一阶段合作的开始,又或者是将要开展新一阶段的合作伙伴关系	

资料来源:苏·阿德金斯.善因营销:推动企业和公益事业共赢 [M].逸文,译.北京:中国财经出版社,2006:263-264.

前期宣传是为了让更多参与项目的服务对象能够更好地了解社会工作项目的服务内容以及服务资源供给主体的社会责任感,这一过程有助于服务对象加深对项目的了解,也有助于提高参与其中的相关权益人对该社会工作项目的认识。前期宣传是从社会工作机构内部开始的,项目的生发设计开始的参与者可能仅涉及管理者和设计者,项目能否被推出、立项再到执行,还需要社会工作机构中的其他职业人对项目有所了解并且能够进行项目反馈,探寻能够触及的资源供给主体。内部宣传的重要性在于对项目的完善,同时以项目的构想激发社会工作职业人参与项目的热情。

项目推出阶段的宣传应该从服务对象开始,这是基于现实情境需要的一个必要环节。但是项目想要能够顺利进行,就需要在参与项目、提供资源的供给主体中进行宣传,虽然这个群体数量远远小于服务对象群体,但是他们手中掌握着顺利推进项目服务的关键资本。向这一群体宣传的目的在于让他们认识清楚项目获得成功后带来的社会效益是什么,以及在项目推进过程中营销的价值和意义将会如何释放。这个宣传主要是凸显合作主体在社会工作项目中的价值，让其具有项目带来的归属感和成就感，确保合作方能够全力以赴支持项目所需要的各项资源。

案例框 6-1：
Y 社会工作服务中心在项目阶段化运行宣传中传达出的主体价值（片段）

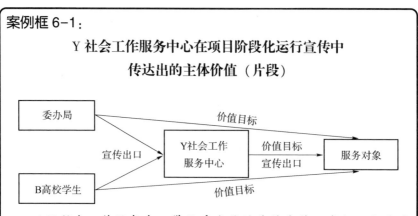

★Y 社会工作服务中心带给委办局的价值宣传：践行以人民为中心，深入基层，发挥部门职能优势服务群众。

★Y 社会工作服务中心带给 B 高校学生的价值宣传：以服务学习模式践行青年观，发挥高校学生的专业优势，达成大学生与老年人的老青互助帮扶行动

当然这一阶段还有非常重要的内容需要进行思考，那就是在完成第一个服务项目后，作为承接项目的社会工作机构，要在宣传营销的两个关键主体间做出及时的规划，一方是发包方利益和理念的传播，另一方是承接方服务理念与专业回馈的社会效应传播，这是一个好的社会工作项目或者更为广阔的公益项目所认可的项目宣传两个主要目标（商道纵横，2016）。

后续宣传主要是呈现项目活动执行中带来的社会效应，是对项目亮点的总结性宣传，这一过程是要回归到社会工作项目服务的主体人群身上。后续宣传也是向现有服务对象发出结束信号告知项目即将结束，以便合作主体在此基础上有序推出基于自身目标的项目宣传，为项目最终回归社会效益产出做好规划。后续宣传在具体的运行中也为项目结束期的评估做铺垫，宣传能够体现出服务对象对项目的期待与现实项目成效进行拟合的均

衡化定位，让项目目标达成度与服务主体期望在真实、透明的原则下保持良好一致。宣传能够对项目是否在未来持续推进，以及采取何种形式推进做出说明，有利于保持服务对象对于项目的关注与积极参与态势。

项目结束后的宣传工作就是展现项目成果，将项目由服务对象个体效应上升到社会效应层面，这时的宣传不再由社会工作机构或者社会工作项目执行团队来进行，此时可以由所有合作参与到社会工作项目的主体进行不同视角的宣传。因视角的不同，宣传亮点的捕捉也就各有特色，也能够在一个更广层面上彰显社会工作项目的成效。与此同时，社会工作职业人要做的一个核心工作就是要鸣谢相关合作方对于项目顺利完成所作的贡献（这一点将在下一节进行详细说明），这不仅为社会工作机构发出了公关良机，同时也获得了再次与相关合作方加强联系的机会，有利于为后期合作做好铺垫。

二、社会工作项目宣传的材料要素与方式选择

每一个阶段的宣传都要有特定的渠道予以匹配。项目传播渠道的选择取决于社会工作机构想要吸引谁，以及所要传递的信息是什么。即便是在互联网如此发达的现代社会中，如果服务对象是老年群体，那么选择印刷品作为项目的主要传播载体也是必要的。但是随着服务对象的变动，社会工作机构的宣传方式也要进行不断的更新改变，但不能将印刷品看成一种过时的渠道。那么什么是社会工作项目的正确宣传方式和渠道？笔者认为只有服务对象能够在其中获取到他们想要的信息的渠道才是一个项目宣传的正确渠道。如果一个项目的服务对象无法获得信息，那么即便是创新也无法打动服务对象，也不会引起相关群体对于项目的关注。回望我们生活的现实情境，每天数不尽的信息被推送，即使正确的信息出现在正确的地方，如果仅出现一次，也很容易被忽视掉。要用正确的方式，合适的语言、图片将信息分享给服务对象和相关主体，坚持做好必要的社会工作外展服务，不因社会工作职业人对于信息的厌倦而误判信息受众群体接收信息的饱和状态。

（一）宣传材料

宣传材料是社会工作项目由文本走向现实情境的重要组成部分。在

社会工作项目设计中，社会工作职业人首先要对宣传材料的要素有清晰的概念，这样在后期项目执行中才能真真正正把社会工作项目宣传出去。组成宣传材料的要素包括：

1. 一句话梗概；
2. 项目梗概；
3. 项目发包方对于社会工作项目的目标与期许；
4. 专业社会工作机构简介（服务领域、品牌项目）；
5. 社会工作项目团队成员（专业领域、执业年限）；
6. 项目整体简报、分主题简报；
7. 服务对象与服务区域政府对于以往项目评价图文（获奖）；
8. 经典、品牌项目样片。

案例框6-2：

Y社会工作服务中心项目宣传材料包含的要素和运用空间

要素	运用空间
一句话梗概	外展服务，内部宣传
项目梗概	执行周期内的项目推进宣传
项目发包方对于社会工作项目的目标与期许	竞标文件中的项目申请书所涵括的宣传方式与内容模块
专业社会工作机构简介	竞标文件中的项目申请书、立项前后项目推介会、项目推进宣传期
社会工作项目团队成员	
项目整体简报、分主题简报	项目推进宣传期、后续宣传和项目结束期
服务对象与服务区域政府对于以往项目评价图文	竞标文件中的项目申请书、执行周期内的项目推进宣传
经典、品牌项目样片	项目推介会、外展宣传和社区小剧场

（二）宣传方式

宣传方式所关注的是传播受众对于服务产品效能的最大化了解，因此宣传首先要关注的是受众群体。即便是在社会工作项目书撰写阶段，也不能仅仅把受众群体界定为单一群体，而是要放眼于整个项目执行过程中所涉及的所有可能受众群体。一般受众群体包括服务对象、社区、合作伙伴、政府、媒体以及社会工作机构自身员工，在明确了受众群体后就要依照受众群体的特质来形成适合受众群体的宣传内容。如果还仅保持线下宣传单的宣传信息递送方式，在现阶段已经无法真正达到宣传的预期效果了，因为这对社会工作机构人员数量上的需求和工作量上的需求都是很大的。社会工作机构需要扩展线上运营的宣传方式，将内容、形式、传播、信息反馈、对话互动融会其中，才能让项目所需要的各种联系变得更加便利。

宣传内容的媒介就是宣传方式，从宣传方式上看无非就是文字、图片、视频几种，但要重视几种形式的组合以及对于宣传渠道的选择。项目的传播渠道有很多种，包括报告、报纸、电视、新媒体设备等，不同的项目内容要根据受众的区别选择不同的渠道，也可以将多种渠道结合在一起运用。但社会工作项目宣传渠道——外展宣传应该成为不可或缺的渠道之一，这是立足服务对象、服务区域最为直观的一种宣传方式，它具有情感的联结性、语态外显的互动性以及服务价值的传播性。这些具体方式方法都是可以写进项目设计之中的，在项目执行期根据不同阶段的项目服务采取宣传媒介的自由组合，有利于社会工作机构对于服务理念的传达以及自身项目品牌的塑造（见表6-2）。

表6-2 项目执行期的具体宣传渠道与形式

项目执行期	宣传渠道	具体形式
执行期节点处	传统媒体渠道	报告、报纸、电视
申报期、执行期、结项期	新媒体渠道	微博、微信、论坛，主要借助互联网
申报期、执行期、结项期	路演渠道	公益活动、午餐会等形式
执行期	在地化渠道	外展宣传、社区小剧场

传统媒体渠道作为最为基础且最具有广泛性的宣传渠道，主要包括报纸、电视和报告形式。报纸是各地方政府新闻信息承载的传统平台，特别是政府部门、基层社区对其情有独钟的订阅，使其成为社会工作机构宣传项目社会效益的主要媒介。电视在传播民生实事中具有既视感，画面带来的视觉刺激容易让受众感知，因此对于有特色的社会工作项目，电视是让人们认识社会工作项目服务和推介社会工作机构的一个重要平台。报告的渠道虽然相对较窄，但具有针对性，这样的宣传样态可以让特定部门对于特定社会工作服务项目执行的全过程以及执行后带来的政策完善路径更具针对性，有利于凝练部门某一项工作的成果，可以让政府委办局认识到社会工作项目的特色化发展之路是可取的，这可以为社会工作机构的成长发展带来更为丰富的资源路径。

新媒体渠道具有信息传播快、面向广的特点，例如社会工作项目团队通过机构公众号呈现项目的亮点，以此引起人们对于社会工作项目的兴趣和期待。通过图文、短视频的方式能够更加直观地将服务内容、服务成效宣传出去，这是当下社会工作项目宣传链条中最佳的一环。新媒体渠道的优势在于受众广，宣传窗口开设门槛低，操作简单，文、图、音有效集成于一体。

路演渠道主要是推销社会工作项目的综合展示平台，路演可以将项目的实质内核有效而绝佳地传递给发包方。路演作为一种发包方与承接方的对话平台，能够有效激发出社会工作项目自身所具有的社会效益价值，发包方可以在对话中寻找到项目的发包目标拟合点，这就为项目走向市场、寻找资金支持获得了渠道。

在地化渠道是站在服务对象接受服务的视角上来呈现的。社会工作机构通过进驻社区搭建宣传实体平台，通过文本资料、视频资料将最新项目和经典项目发放给外展宣传中可能遇到的每一个个体，为未来可能成为社会工作项目服务受益对象的群体展现项目的价值，有利于参与主体对于项目的认识与实质性参与。

第二节　社会工作项目的营销与品牌生成

社会工作项目营销是公益营销的一个范畴，公益营销首先就是要相信什么为善，什么是可能的，接下去就是对有关怎么做的问题进行回应。公益营销的原则是根植在社会责任、伦理、社区服务以及多行善举必得益的信仰之中。社会责任这把大伞，需要社会工作机构在社会责任名义下审视自身的整体定位，并决定怎样以一系列活动来影响员工、环境、社区、消费者、投资方和其他利益人，以及确定它们的先后顺序（马尔科尼，2005）。公益营销将组织机构所信奉的宗旨、愿景和价值观在人们的工作场所、市场、利益团体、行政部门、媒体、服务实施区域中清晰地标识出来，被受众接受并获得认可。这需要社会工作机构在生发项目时，具有项目品牌的塑造意识，制订出符合市场实际情况的营销计划，在营销中形成品牌，并能把项目服务作为一个好的故事讲出来，被受众记住。

一、品牌塑造意识与营销计划

品牌是资产，有其自身价值并能够推动企业战略的制定与实现。社会工作机构作为一个实体组织，需要在市场竞争中为自身形塑品牌，社会工作机构要参与市场化运行就需要与企业具有同样的品牌建设意识，这关乎社会工作机构的长久发展。从合理性角度来看，社会工作机构设计出的服务，是围绕服务对象做出参与决定和评估服务时对品牌所持有的考量，远远超出社会工作机构对于服务本身价值和功能属性的判断。对于这一点社会工作职业人需要有社会工作项目的战略品牌意识，这不仅对提升自身专业性有好处，也给街道、社区、服务对象在获取优质服务方面提供参照。

对于品牌建设最主要的目标就是塑造品牌，提高和利用品牌价值，这里主要涉及知名度、品牌联想、品牌忠诚度三个核心要素（阿克、王子宁，2019）。放置到社会工作机构中，就是机构对于项目能否得到公众的关注与识别的思考。知名度会为社会工作机构的社会工作项目带来普遍认识，可作为政府购买服务的优质化供给指标考量。品牌联想会为社会工作机构集合项目服务品牌带来服务主体、领域、品质和代表性符号的战略走向。品牌忠诚度将为服务群体的固守和集结带来持续的惠及性。有效利用这三个核心要素就可以在服务与服务对象、政府发包方之间建立起长期关系，这是项目从申请到运行展现社会工作机构抑或社会工作项目社会效益的一个关键路径。

案例框 6-3：

Y 社会工作服务中心项目品牌塑造的先天优势分析

Y 社会工作服务中心服务项目品牌塑造是从知名度、品牌联想和品牌忠诚三个方面进行思考和呈现的。

在知名度层面：Y 社会工作服务中心依托 B 高校成立社会工作机构，高校与地方的合作、社会工作专业师资、社会工作专业学生组成的项目队伍，是 Y 机构项目知名度塑造的关键因素。

在品牌联想层面：依托 B 高校优质师资开展社会工作专业人才培训是打造机构品牌最好的服务介入路径，B 高校的社会认知度为其获得了地方政府认同带来的资源集聚。

在品牌忠诚度层面：因专业培训带来的社区工作者对于机构的认识，成为机构获取服务落地区域关键的在地化对接人。

品牌的塑造需要与参与项目营销的公益伙伴共同完成。公益伙伴集结要从了解项目的社会效益开始，要根据使命而非资金来制定品牌塑造的决策，以客户需要驱动创造社会绩效，通过集结公益伙伴一起做策划，明确各自的目标和使能方向，充分发挥各方的创造性和解决问题的能力，集思广益产出最佳创意项目。合作双方都需要秉承正直、互敬、透明、诚挚、互惠互利的基本原则，如果任何一方不坚持这些原则，就不可能有效建立高质量的合作伙伴关系，也不可能实现多方利益的目标（阿德金斯，2006）。所以公益伙伴从一开始就要理解彼此参与项目营

销活动的目标，只有在彼此相互利益达成一致时才能真正建立起合作伙伴关系。如何达成一致目标，社会工作项目的管理者和设计者要与公益伙伴一同遵循SMART原则，即伙伴之间在一种简单的（Simple）、可衡量的（Measurable）、可实现的（Achievable）、现实的（Realistic）和有时间限制的（Time Limited）原则下实现彼此的目标。营销中也会存在潜在的合作方，社会工作职业人尽量不要遗漏任何一个合作方，还要尽可能在合作过程中清楚阐明彼此具有的资源和要达到的目标是什么。

> **案例框6-4：**
> **Y社会工作服务中心项目营销遵循的SMART原则**
>
> "无碍公服、有爱生活——老年友好型社区建设"项目中的居家安全消防服务模块，将消防主体作为公益伙伴之一，Y社会工作服务中心在项目营销时，首先对其在营销中可获取的社会效益进行分析。
>
> | 原则 | 示例 |
> | --- | --- |
> | 简单的（Simple） | 将部门职责有效落地、与机构项目目标拟合 |
> | 可衡量的（Measurable） | 活动主题、场次，参与受益人数 |
> | 可实现的（Achievable） | Y社会工作服务中心借助社会工作职业人开展消防安全主题的讲座和小组工作坊 |
> | 现实的（Realistic） | 根据社区服务对象的真实需要，Y社会服务中心策划主题活动流程，消防部门讲授消防安全知识，社会工作职业人带领服务对象分享知识、获取行为改变 |
> | 有时间限制的（Time Limited） | 项目主题活动频次为50分钟/每场，共2场 |

社会工作机构即便对于自身的优势分析已经十分清晰，也不能忽视对营销中的公益伙伴可能存在的风险进行评估。风险评估需要公益伙伴共同分析，主要包含声誉风险评估、后勤保障风险评估、财务风险评估三个方面。声誉风险评估主要考量公益伙伴是否有可能在某方面损坏企业、公益事业、慈善团体品牌的声誉，社会工作机构要从可取环境中考察其声誉。后勤保障风险是要了解各方在合作过程中应承担的责任和所扮演的角色，在具体服务执行上是否有冲击、破坏项目的可能性。财务风险主要是聚焦资金供给主体对于项目资金的可拨付能力，这一点将直接关系到项目是否能够顺利运作。

案例框 6-5：
Y 社会工作服务中心项目营销中的合作伙伴风险评估

风险/主体	无碍设施供应商	相关委办局	B 高校
声誉风险	供应商个人信誉	政府信誉	专业培育认可
后期保障风险	责任或利益	职能或利益	助力者、志愿者
财务风险	物资	资金、物资	—

品牌的塑造只是营销中的一个部分，真正把社会工作项目的营销做好必须有一个好的营销计划，这个计划需要对项目落地环境进行分析，分析与项目服务有关的优势、劣势、机会和威胁。营销计划一般是由受众细分、信息加工、营销战术、短期步骤、长期步骤、预算和人员、战略指标等内容组成（见表6-3）（米勒，2016）。受众细分是要明确机构要和哪些相关群体进行沟通，在项目运行中要提供什么、付出什么，以及会获得什么利益，进而确定出服务对象。信息加工是指对能够调动参与项目的其他主体信息的统合。营销战术是指社会工作机构运用什么渠道进行项目服务的传播，合作伙伴将在营销中发挥什么作用，对于不同的传播渠道在什么环节使用，想让服务对象接收哪些信息的具体策略。短期步骤是指项目一个主题的执行周期。长期步骤是整个项目执行的周期。预算和人员则是考量文宣传播中，信息由谁收集、谁撰写、谁传播，以及整个营销环节可能的资金投入。战略指标是指所采取的营销方式对于目标达成可能带来的社会效益实现，以及对社会工作项目品牌

的塑造，现阶段的不足和未来可能的优势导向界定。

表 6-3 营销计划的组成部分

组成部分	具体内容
市场营销的目标	你需要做什么，想达成什么目标，需要别人采取什么行动
环境分析	运营该计划必须遵守的条件
受众细分	你必须吸引并说服的对象，对象的兴趣和价值观
信息加工	能够激发受众采取行动的特定信息
营销战术	如何传递上述信息
短期步骤	近几个月内需要采取的措施
长期步骤	几个月之后需要采取的措施
预算和人员	执行该计划所需的资源
战略指标	如何根据目标衡量计划的进展情况

资料来源：吉维·勒鲁·米勒. 公益组织市场营销指南 [M]. 祁霖，邱莹，等译. 桂林：广西师范大学出版社，2016.

社会工作职业人需要对营销计划的组成部分有熟练的转变迁移运用能力和经验性操作，以便在社会工作项目生发、运行与营销的整个过程中更好地处理相关主体间的关系，推进这场以服务为产品的美好生活盛宴的实现。如何将这个组成部分中的内涵通过文宣的方式传递出去，还需要社会工作职业人具有讲好故事的能力。

二、讲好项目故事传播最强音

公益市场营销中最有效的技巧之一就是讲好故事，但是很少有社会工作职业人能够掌握这个技能，虽然大家能够认识到讲好项目故事的重要性，却在现实项目执行中并未将故事讲好。向服务对象讲好故事之所以如此行之有效，是因为故事具有黏性（米勒，2016）。故事的情节性、生动性容易被服务对象接受，分享的扩散率也就更高，口碑营销自然成为项目营销的一个重要途径，易于激发潜在参与主体的行动动机。

但是想要讲好公益故事，需要有很好的故事编排能力。文字的编排需要下功夫，这往往成为社会工作职业人选择放弃的理由，同时文字编排也是一项耗时的工作，社会工作项目执行的烦琐性也会消减社会工作职业人对于这项工作的重视。但是希望读者看到这里要拿出做项目的认真劲儿，做好项目执行的最后一公里。

以项目为载体的机构服务，具有丰富而取之不尽的真实服务素材，因为项目为服务对象带来了生活、思想、行为乃至他们生活周边环境的改变，因此每一个机构都守着一座故事宝库。故事中的人、故事中的事都成熟而生动。怎么把故事讲出来且能够讲得好，需要社会工作职业人对故事情节进行编排，这样才能讲出好的公益故事，让听众为之鼓舞。故事情节的黏性和鼓舞性要在挑战性情节、创造性情节、联结性情节上进行呈现（米勒，2016）。

（一）挑战性情节故事

挑战性情节故事旨在唤醒听众并给予听众积极正面成长的信心，以"困难—勇气—逆袭"的逻辑书写主人公的勇气和力量，告诉人们只要持之以恒地做就会成功。对于挑战性的故事情节开始往往设定在一个个体身上，而非群体，这样有助于故事情节的聚焦和自如收放，反映出他对于改变现实生活的迫切愿望，同时也让听众体会到依靠自身获得自己想要生活的重要性，让听众能坚持不断地挑战自我。其次是服务对象个体障碍和冲突开始浮现出水面，从一个侧面告诉自身现实生活中的不足，有自身因素的影响，但也存在着制度环境的影响，如果有一种外来的力量助力自身的成长，那么困境的突围也就成为可能。最后是故事的高潮，即服务主体如何在自身成长与外界环境不断变化中克服万难，实现自己的愿望和目标。故事的结局便是服务对象依靠自身成长并借助无形的手的持续助力取得成功。项目的故事呈现是围绕服务对象展开和结束的，这就回应了项目生发时的初衷。

案例框6-6：

"无碍公服，有爱生活——老年友好型社区建设"
项目故事的挑战性呈现

服务对象：因机能下降的居家老年人。

故事：QY社区老年群体从社会、单位回归家庭是职业生命的结束和生活状态的转向，本应有更多的时间和机会走入未曾驻足欣赏的生活，此时却因机体功能的下降，被围困在家庭这一密闭空间中。加之QY社区环境设施的老化，已经无力为他们走出家庭带来安全上的保障。老年人因自身机体功能下降和生活空间安全隐患的存在而使外出成为一种愿望。当社区和社会工作机构看到窘迫的现实情境后，一场无碍公服、有爱生活的老年友好型社区建设被提上日程。他们充分采纳老年人对于居家和公共安全的建议，有效发动愿意并能够参与到居家和公共安全设施规划与执行的老人，为居家和公共空间设置无障碍设施提供身体力行的服务，从家庭厕浴到楼梯间扶手设施的安装，为想要回归社区和回归社会的老年人提供了安全友好的空间安全环境，也为构建老老互助的关爱型社区铺陈出可行之路。

（三）创造性情节故事

创造性情节故事讲述在一个关键问题的解决上获得的突破性进展，主要是引领人们用新的方法思考旧的问题。这一点不只为营销带来亮点，也为社会工作项目设计时激发设计者对于项目的全新思路起到积极作用。创造性在社会工作项目设计、执行和突发问题的解决中均具有不可估量的作用，只是在项目执行到结束时，这种创新服务方式才会成为项目营销故事书写的一个创造性情节。创造的基础是对现实问题和解困策略的细致分析，让服务群体自身或者社会中存在的不足得以暴露，社会工作职业人还要用一种创造性的方法对问题在服务对象的理解基础上进行修复。

在社会工作机构对于项目的运行中创造性极具价值,但也是最难实现的一种价值形式,原因在于社会工作项目的管理者、设计者和执行人很多时候会将注意力放在完成任务上,在完成任务的过程中资源挖掘和思维拓展常被有意无意地忽视。社会工作职业人并非文创的专业人士,不能要求其作为一个全能型人才在项目中发挥作用,这是造成当下创造性应用薄弱的关键原因。

> **案例框 6-7:**
> **"无碍公服、有爱生活——老年友好型社区建设"**
> **项目故事的创造性呈现**
>
> **服务对象**:因机能下降的居家老年人。
> **常规解决方法**:安装无障碍设施。
> **创造性方法**:无障碍设施安装+构筑梯度志愿者队伍。
> **创造性方法意图**:精神文明引领美好生活。
> **故事**:Y社会工作服务中心在面对群体需要时,从家庭厕浴到楼梯间扶手设施的安装,为想要回归社区和回归社会的老人带来可能。然而构建老年友好型社区的愿景,需要在物理无碍空间完善的同时构筑起精神有爱空间,让老老互助的关爱能够在社区更广域的群体中践行。一位老党员,无私地承担了无碍公服楼梯间扶手的日常维护工作,他以身作则践行着一名党员为民的初心使命,辖区小学、中学的少先队员和共青团员在劳动课业中,也加入了志愿服务队伍之中,"党员—团员—少先队员","老人—青年—儿童"以行动的友爱助力着志愿服务的实施,让QY社区老年友好型社区的建设成为可能。社会工作机构的创造性不仅仅以安装无碍设施去解决人们的现实解困,而是创造性地联动培育更具有生命力的精神服务主体,在老人走出家庭、体悟生活美好中,志愿服务的主体联动成为社区精神文明得以彰显和延续的助力者。

（三）联结性情节故事

联结性情节故事是消除距离的故事，这类故事通常描述的是一件看上去很微小，却出现了令人惊异的转折的事，最后揭示出某个真理或者经验教训。联结性故事并非紧紧围绕服务对象的一种故事营销手段，它在故事情节中会吸纳糅合参与项目的每一个主体，呈现出的是一个相对宏大的故事体系，以此作为营销的承载。故事要从细小的事情开始，联结到多元主体对于这样一件事情的不同视角，让听故事的人能和故事中的每一个人物角色产生联结，这种联结是在传达人们为了共同的美好而带来的感恩寄予。这实际上会对社会工作专业价值中的"情怀"做出回应，情感性的传递成为故事最为主要的一个内在核心。

> **案例框 6-8：**
> **"无碍公服、有爱生活——老年友好型社区建设"**
> **项目故事的联结性关系呈现**
>
> **服务对象：** 因机能下降的居家老年人。
>
> **项目目标：** 完善适老化居家和出行安全无障碍设施，营造适老健康生活环境，实现适老化老年友好型社区建设，构建人民对美好生活向往的和谐社会。
>
> **联结性方法：** 参与项目主体的价值呈现。
>
>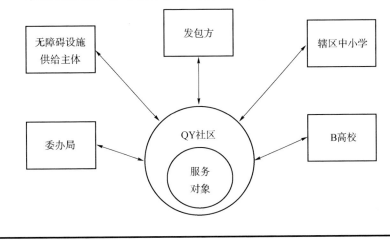

> **发包方**：服务型政府转型，民生实事落实，资金助力，践行以人民为中心的使命。
> **无障碍设施供给主体**：彰显企业社会责任。
> **委办局**：专业职能落地，切实服务群众，践行以人民为中心的使命。
> **辖区中小学**：培育青年时代精神，传承敬老爱老中华文化。
> **B高校**：培育青年时代精神，践行专业使命，扎根服务地方社会。

在社会工作项目结束后，需要向参与主体表达感谢。感谢既是社会工作机构的一次感恩营销也是对于机构文化的塑造。感谢要具有时效性，不要因为项目结项期的忙碌一拖再拖，而是要把感谢看作结项期必做的事项，及时的感谢是对项目资源提供方最大的回馈，也是为机构后续项目持续发展的软性投资。对于所要感谢的每一个人不能用同样的话语来表达，因为在社会工作项目中每一个参与主体所发挥的功能作用是不同的，因此感谢要实事求是。在感谢中还要对资源供给主体的资源用途进行说明，内容包括帮扶助力了多少人，为服务对象带来了什么的感受和收获，以及未来社会工作机构在此项目的基础上还会推进什么项目。资源用途的说明便可以作为一个未来项目的邀约发出。感谢的文本传达形式也可以是多元的，包括邮件、仪式、新媒体、视频等都是很好展现社会工作机构专业价值的形式。如果社会工作机构确实对于自身文化建设有足够的重视，一定要在年度报告中形成一个可以永久留存的手册，将重要的、有意义的人和事编撰其中，将机构本年度的财务收支情况列入其中，为每一个参与过社会工作机构项目的主体寄送一份，对他们助力社会工作项目顺利实施表示感谢，让其看到并衡量与同类型企业在社会工作项目中未来可能提供的资源空间，社会工作机构通过这一举动可能会为未来项目的运行带来更多的资源与支持。

案例框 6-9：
　　Y 社会工作服务中心在社会工作项目结项时对社区发出的感谢信

QY 社区：

　　感谢您为机构和学生提供的田野舞台！社区舞台坚守一方，机构的工作者一直试图以各种方式在寻找这个舞台中的主角，不承想原来您已为我们寻找了最美的主角（老年人+社区），她就在舞台中间。感谢您为我们提供的立体空间场景，这里既有广域的空间，也有善良的人民。为了布置好这个场景，我们将搜集到的部门职责一一绘制其中，只为在这个舞台上呈现出最美的剧目，展现出一个友好社区的风貌。愿您喜欢项目所带来的成果，愿在这个舞台上的人都能体会到您与我们共同为他们搭建美好生活的用心。

　　感谢美好生活的共筑者。

Y 社会工作服务中心
2018 年 5 月

　　社会工作职业人要有把完成的项目转化为故事推销给媒体的意识和技术，在媒体选择上不能仅仅与一家媒体保持互动，而是要与多家媒体保持互动，在明确项目新闻卖点时，以不同的方式为媒体记者讲述已经执行过的项目故事，以此精准碰触媒体记者的谈话角度。项目并非在一个单一周期执行，因此在向媒体推荐优质民生新闻时，社会工作职业人要多加练习项目故事化的表达，要把当下项目故事与过去的项目报道有效地结合起来，在丰富新闻报道素材的同时能够为社会工作机构和职业人专家角色的塑造带来机会，真正在更具传播效应的渠道上把专业知识传播和分享出去。

本章小结

　　本章内容相对来说是实际操作性较难的部分，无论是对项目传播效能的反思展现，还是引导社会工作职业人去做这件事，都是具有难度的。社会工作项目营销，关注社会工作机构对于社会工作项目的宣传和对机构服务品牌的形塑，目标是让服务对象、供给主体能够认同社会工作项目带来的福祉递送效应。

社会工作项目宣传要放在项目运行的阶段化中来进行，将宣传材料和宣传方式有机结合，让不同群体能够广泛接收。充分利用项目前期宣传、项目推出阶段宣传、后续宣传和项目结束后宣传的不同阶段进行宣传，每一个阶段涉及的宣传内容和目标群体都不一样。为了宣传能具有可操作性，需要对宣传材料的构成要素进行规定，以免遗漏宣传的核心内容，在内容要素确定后就是借助传统媒体、新媒体、路演等宣传方式进行宣传，这一系列的内容都需要社会工作职业人具有良好的职业素养。

社会工作项目品牌塑造需要社会工作职业人具有营销策略，最为重要的是要讲好项目故事，在感受性上带来体验式传导，让项目具有可触摸性。社会工作项目的品牌建设最主要的目标就是塑造品牌，通过与公益伙伴的共同努力，围绕知名度、品牌联想、品牌忠诚度三个核心要素提高品牌价值，并借助对营销计划中受众细分、信息加工、营销战术、短期步骤、长期步骤、预算和人员、战略指标等内容的分解进行项目推广。以项目为载体的社会工作机构服务，具有丰富而取之不尽的真实服务素材，因为项目为服务对象带来了生活、思想、行为乃至他们生活周边环境的改变，所以每一个社会工作机构都守着一座故事的宝库。社会工作职业人要将服务执行中体悟到的真诚、慷慨、感激，撰写为具有挑战性情节、创造性情节、联结性情节的公益故事，作为机构和项目推广营销的文案，发挥传播效应，这是当下社会工作项目职业人所缺失的职业素养和技能，也是未来社会工作项目能否真正被服务对象和政府以及社会所认同的关键影响因素。

参考文献

［1］彼得·罗西, 霍华德·弗里曼, 马克·李普希. 项目评估: 方法与技术［M］. 邱泽奇, 译. 北京: 华夏出版社, 2002: 29-34.

［2］彼得·M. 克特纳, 罗伯特·M. 莫罗尼, 劳伦斯·L. 马丁. 基于效能的项目设计和管理［M］. 刘英, 译. 广州: 华南理工大学出版社, 2016: 103.

［3］保罗·A. 萨巴蒂尔. 政策过程理论［M］. 彭宗超, 等译. 三联出版社, 2006: 92.

［4］毕亮亮. "多源流框架"对中国政策过程的解释力——以江浙跨行政区水污染防治合作的政策过程为例［J］. 公共管理学报, 2007, 4 (2): 36-41.

［5］查尔斯·H. 扎斯特罗, 卡伦·K. 柯斯特-阿什曼. 人类行为与社会环境［M］. 师海玲, 孙岳, 等译. 北京: 中国人民大学出版社, 2006: 11-19.

［6］陈建国. 金登"多源流分析框架"述评［J］. 理论探索, 2008, 25 (1): 125-128.

［7］蔡金星. "行动研究法兼容实验法"的原理解析［J］. 江苏教育研究, 2016, 11 (12): 35-38.

［8］陈锦棠. 社会工作督导: 经验学习导向［M］. 上海: 华东理工大学出版社, 2018: 19.

［9］陈钟林, 吴伟东. 国外社会工作评估: 理论架构探析［J］. 北京科技大学学报 (社会科学版), 2006, 13 (2) 13-15.

[10] 丹尼尔·F. 钱布利斯，拉塞尔·K. 舒特. 理解社会——社会研究方法导论 [M]. 周源，康晓玲，等译. 上海：格致出版社，2020：180.

[11] 邓姗，吴远. 满足需要：马克思主义大众化的内在动力 [J]. 华南师范大学（社会科学版），2013，41（3）：156-160.

[12] 戴维·阿克，王子宁. 品牌大师 [M]. 陈倩，译. 北京：中信出版集团，2019：1-7.

[13] 范冬萍，何德贵. 基于CAS理论的社会生态系统适应性治理进路分析 [J]. 学术研究，2018，49（12）：6-11.

[14] 冯敏良. 系统论视角下社会工作机构绩效评估的建构逻辑 [J]. 社会福利（理论版），2014，3（7）：16-20.

[15] 风笑天. 社会研究方法 [M]. 4版. 北京：中国人民大学出版社，2013：7.

[16] 管兵，夏瑛. 政府购买服务的制度选择及治理效果：项目制、单位制、混合制 [J]. 管理世界，2016，32（6）：58-72.

[17] 顾东辉. 社会工作评估 [M]. 北京：高等教育出版社，2009：18-51.

[18] 葛新斌，付新琴. 多源流视域下学前教育供给侧结构性改革政策议程探析 [J]. 教育发展研究，2017，37（24）：43-50.

[19] 哈罗德·科兹纳. 项目管理2.0 [M]. 傅永康，周思雯，计浩耘，译. 北京：电子工业出版社，2020：113-129.

[20] 哈曼. 党群工作视角下社会工作政治影响性浅议以"三社联动"试点项目为例 [J]. 社会与公益，2019，9（1）：82.

[21] 黄锐. 城市社区治理中的公共性构筑 [J]. 人文杂志，2015，41（4）：116-120.

[22] 姜艳华，李兆友. 多源流理论在我国公共政策研究中的应用述论 [J]. 江苏社会科学，2019，40（1）：114-121.

[23] 卡伦·B. 布朗，南希·莉·海尔. 项目管理：基于团队的方法 [M]. 王守清，亓霞，等译. 北京：机械工业出版社，2012：24.

[24] 吉维·勒鲁·米勒. 公益组织市场营销指南 [M]. 祁霖, 邱莹, 译. 南宁: 广西师范大学出版社, 2016: 4-20.

[25] 莱恩·多亚尔, 伊恩·高夫. 人的需要理论 [M]. 汪淳波, 张定莹, 译. 北京: 商务印书馆, 2008: 16-72.

[26] 李海青. 理想的公共生活如何可能: 对公共理性的一种政治伦理学阐释 [J]. 伦理学研究, 2008 (3): 55-60.

[27] 刘江. 社会工作服务评估: 一个整合的评估模型 [J]. 社会工作与管理, 2015, 15 (3): 51-56.

[28] 李文钊. 多源流框架: 探究模糊性对政策过程的影响 [J]. 行政论坛, 2018, 25 (2): 88-99.

[29] 李兴旺, 张敬伟, 李志刚, 高峰. 行动研究: 我国管理学理论研究面向实践转型的可选路径 [J]. 南开管理评论, 2021, 24 (1): 181-191.

[30] 李友梅. 中国社会治理的新内涵与新作为 [J]. 社会学研究, 2017, 32 (6): 27-34.

[31] 马克·A. 缪其克, 约翰·威尔逊. 志愿者 [M]. 魏娜, 等译. 北京: 中国人民大学出版社, 2013: 391-395.

[32] 麦克·布洛维. 公共社会学 [M]. 沈原, 等译. 北京: 社会科学文献出版社, 2007: 97.

[33] 彭华民. 需要为本的中国本土社会工作模式研究 [J]. 社会科学研究, 2010 (3): 9-13.

[34] 彭善民. 社会工作与公共生活建构 [J]. 学习与实践, 2013, 20 (7): 108-113.

[35] 渠敬东. 项目制: 一种新的国家治理体制 [J]. 中国社会科学, 2012 (5): 113-130.

[36] 仇立平. 社会研究方法 [M]. 重庆: 重庆大学出版社, 2008: 221.

[37] 任鹏, 陈建兵. 多源流政策框架视域下的区域精神提炼研究 [J]. 西安交通大学学报 (社会科学版), 2016, 36 (1): 130-136.

[38] 任文启. 综论社会工作的政治秉性以"三社联动"试点项目为例 [J]. 社会与公益, 2019, 9 (1) 79-81.

[39] 阮曾媛琪. 从社会工作的两极化看社会工作的本质 [M] //何国良, 王思斌. 华人社会社会工作本质的初探. 香港: 八方文化企业公司, 2000: 116.

[40] 苏·阿德金斯. 善因营销: 推动企业和公益事业共赢 [M]. 逸文, 译. 北京: 中国财经出版社, 2006: 241-264.

[41] 商道纵横. 跨界对话: 公益项目实战宝典 [M]. 北京: 社会科学文献出版社, 2016: 104.

[42] 孙斐, 黄锐. 灵活专业主义: 政府购买服务项目背景下社会工作者核心能力——来自上海的质性研究 [J]. 华东理工大学学报 (社会科学版), 2020, 35 (2): 21-31.

[43] 师海玲, 范燕宁. 社会生态系统理论阐释下的人类行为与社会环境——2004年查尔斯·扎斯特罗关于人类行为与环境的新探讨 [J]. 首都师范大学学报 (社会科学版), 2005, 31 (4): 94-97.

[44] 邵志东, 王建民. 中国农村转移人力资源开发体系构建研究——以社会生态系统理论为视角 [J]. 湖南科技大学学报 (社会科学版), 2013, 16 (4): 82-85.

[45] 谈小燕. 以社区为本的参与式治理: 制度主义视角下的城市基层治理创新 [J]. 新视野, 2020 (3): 80-87.

[46] 王程韡. 从多源流到多层流演化: 以我国科研不端行为处理政策议程为例 [J]. 科学学研究, 2009, 27 (10): 1460-1467.

[47] 沃尔夫冈·比勒菲尔德. 公益创业——一种以事实为基础创造社会价值的研究方法 [M]. 徐家良, 谢启秦, 卢永彬, 译. 上海: 上海财经大学出版社, 2017: 44.

[48] 魏成. 问题、政策与政治: 社会工作项目生发的决策议程机制探析 [J]. 华东理工大学学报 (社会科学版), 2019, 34 (6): 28-36.

[49] 王恩见, 何泳佳, 高冉, 朱新然. 服务的内卷化: 对政府购买失

独家庭社会工作服务的省思——以 X 失独家庭社会工作服务项目为例［J］. 人口与发展，2018，24（6）：85-94.

［50］ 文军，吕洁琼. 社区为本：反贫困社会工作的理论建构及其反思［J］. 西北农林科技大学学报（社会科学版），2021，21（1）：10-18.

［51］ 王铭铭. 小地方与大社会——中国社会的社区观察［J］. 社会学研究，1997，12（1）：86-96.

［52］ 万仞雪，林顺利. 社会工作评估活动理论取向之反思［J］. 黑龙江社会科学 2014，21（2）：95-98.

［53］ 吴越菲. 从"社区问题"到"问题社区"：当代社区研究的理论困境及其反思［J］. 社会科学，2019（3）：89-99.

［54］ 肖林. "'社区'研究"与"社区研究"——近年来我国城市社区研究述评［J］. 社会学研究，2011，26（4）：185-208.

［55］ 肖萍. 女性就业援助的社会工作实务研究——基于13个项目的监测评估［J］. 社会工作与管理，2019，19（2）：19-28.

［56］ 肖小霞，张兴杰. 社工机构的生成路径与运作困境分析［J］. 江海学刊，2012，19（5）：117-123.

［57］ 徐永祥，孙莹. 社区工作［M］. 北京：高等教育出版社，2017：138-148.

［58］ 徐永祥. 社区发展论［M］. 上海：华东理工大学出版社，2012：6.

［59］ 约翰·W. 金登. 议程、备选方案与公共政策［M］. 丁煌，方兴，译. 北京：中国人民大学出版，2017：80-95.

［60］ 姚进忠. 项目导向：社会工作评估机制优化研究——基于厦门实践的调查与剖析［J］. 北京工业大学学报（社会科学版），2018，18（5）：18-29.

［61］ 姚进忠. 福利治理中的需要理论：内涵、类型与满足路径［J］. 学习与实践，2019（2）：90-100.

［62］ 杨柳. 公共服务供给中的需求管理［J］. 中国党政干部论坛，

2017（1）：105-107.

[63] 殷妙仲.以社区为本的互助机制：加拿大邻舍中心及其对中国社区建设的启示［M］.社会科学，2015（1）：91-97.

[64] 杨荣.专业服务与项目管理："社区为本"的社会工作发展路径探索——以北京市G社区为例［J］.探索，2014（4）：135-139.

[65] 杨竹，吴晓萍.从行政主导到专业主导：西部农村社会工作服务项目实践与反思——基于民政部"三区"计划在贵州的实践［J］.农村经济，2018（5）：15-21.

[66] 杨志军.从垃圾桶到多源流再到要素嵌入修正——一项公共政策研究工作的总结和探索［J］.行政论坛，2018，25（4）：61-69.

[67] 朱晨海，曾群.结果导向的社会工作评估指标体系建构研究——以都江堰市城北馨居灾后重建服务为例［J］.西北大学学报（社会科学版），2009，46（3）：63-68.

[68] 张和清.中国社区社会工作的核心议题与实务模式探索——社区为本的整合社会工作实践［J］.东南学术，2016（6）：58-67.

[69] 赵海林.社会服务项目运作实务［M］.北京：中国人民大学出版社，2018：82.

[70] 郑杭生，杨敏.社会互构论：世界眼光下的中国特色社会学理论的新探索——当代中国"个人与社会关系研究"［M］.北京：中国人民大学出版社，2010：7-20.

[71] 朱健刚.转型时代的社会工作转型：一种理论视角［J］.思想战线，2011，37（4）：40-41.

[72] 张璐璐.生态系统理论视阈下农民工子女社会融合教育探微［J］.黑河学刊，2013（4）：181-183.

[73] 赵金子，周振.农村女性文化贫困成因及其治理——以社会生态系统理论为视角［J］.西北农林科技大学学报（社会科学版），2014，14（5）：91-95.

[74] 詹姆斯·P.刘易斯.项目经理案头手册［M］.王增东，任志忠，胡永庆，译.北京：机械工业出版社，2001：66-70.

［75］张少杰，曲然，田硕. 项目评估［M］. 3版. 北京：高等教育出版社，2008：210-211.

［76］折晓叶，陈婴婴. 项目制的分级运作机制和治理逻辑——对"项目进村"案例的社会学分析［J］. 中国社会科学，2011（4）：126-148.

［77］张晓艳，庞学慧. 论行动研究［J］. 中北大学学报（社科版），2005（2）：70-73.

［78］张延林，冉佳森，肖静华，谢康. 综合型IT与业务战略匹配的行动研究［J］. 管理学报，2013，10（11）：1702-1709.

［79］ADAPTED F S, PANCER M, WESTHUES A. A Developmental Stage Approach to Program Planning and Evaluation［J］. Evaluation Review，1989，13（1）：67-77.

［80］BRADSHAW J. The Taxonomy of Social Need［M］//COOKSON R, SAINSBURY R, GLENDINNING C. Jonathan Bradshaw on Social Policy Selected Writings 1972–2011. York Publishing Services Ltd. 2013：1-12.

［81］DEBORAH F, BARON J. Ambiguity and Rationality［J］. Journal of Behavioral Decision Making，1988，1（3）：149-157.

［82］DRUCKER P F. The Effective Executive［M］. New York：Random House，1967：27.

［83］FEDERICO M, BEATY R. Rath and Strong's Six Sigma Team Pocket Guide［M］. New York：McGraw Hill，2003：37-87.

［84］FELDMAN M S. Order Without Design：Information Production and Polity Making［M］. Stanford：Stanford University Press，1989：23-89.

［85］FISHER R, URY W, PATTON B. Getting to Yes：Negotiating Agreement Without Giving［M］. New York：Penguin Books，1993：11.

［86］KITZI J. Recognizing and Assessing New Opportunities［M］//DEES J G, EMERSON J, ECONOMY P. Enterprising Nonprofits：A Toolkit for Social Entrepreneurs. New York: Wiley, 2001: 43-62.

[87] LEONARD P. Postmodern Welfare [M]. London: SAGE, 1997: 85.

[88] LEWIN K. Field Theory in Social Science [M]. New York: Harrier and Bros, 1951: 15-82.

[89] MACLVER R M, PAGE C H. Society [M]. London: Macmillan, 1961: 291.

[90] MAX-NEEF M. Development and Human Needs [M] //PAUL E, MAX - NEEF M. Real - Life Economics: Understanding Wealth Creation. London: Routledge, 1992: 197-213.

[91] MATARRITA - CASCANTE D. Changing Communities, Community Satisfaction, and Quality of Life: A View of Multiple Perceived Indicators [J]. Social Indicators Research, 2010, 98 (1): 105-127.

[92] MICHAEL D C, MARCH J G, OLSEN J P. A Garbage Can of Organizational Choice [J]. Administrative Science Quarterly, 1972, 17 (1): 1-25.

[93] MURPHY J W. Community - based Interventions: Philosophy and Action [M]. New York: Springer, 2014: 2.

[94] PINTO J. KHARBANDA O. Lessons for an Accidental Profession [J]. Business Horizons, 1995, 38 (2): 41-50.

[95] SCHLAGER E. Policy Making and Collective Action: Defining Coalitions Within the Advocacy Coalition Framework [J]. Policy Sciences, 1995, 28 (1): 243-270.

[96] SCHLAGER E, BLOMQUIST W. A Comparison of Three Emerging Theories of the Policy Process [J]. Political Research Quarterly, 1996, 49 (3): 651-672.

[97] United Way of America. Outcome Measurement: Showing Results in the Nonprofit Sector [EB/OL]. http://www.Unitedway.org/outcomes.

[98] WEICK K E. The Social Psychology of Qrganizing [M]. New York: Random House, 1979: 2-32.

[99] YAN M C. Bridging the Fragmented Community: Revitalizing Settlement Houses in the Global Era [J]. Journal of Community Practice, 2004, 12 (1/2): 51-63.

[100] ZAHARIADIS N. Comparing Lenses in Comparative Public Policy [J]. Polity Studies Journal, 1995, 23 (2): 378-372.

[101] ZAHARIADIS N. Market, States and Public Policies: Privatization in Britain and France [M]. Ann Arbor: University of Michigan Press, 1995: 41-68.

后 记

自从社会工作项目作为一种基层治理方式和福祉递送样态以来,它的服务价值已经展现并获得了项目受益对象、社区、政府等参与到其中的每一个主体的认同;但不可否认它也受到了以上主体甚至是管理、设计、运营社会工作项目的职业人不同程度的质疑,因为有太多社会工作项目在执行中未能充分展现出专业效果,即没有给参与其中的主体带来强烈的获得感。

作为一名社会工作学习者、社会工作教授者、社会工作践行者,多重角色属性让笔者能够从不同视角透视、体悟、反思社会工作项目的专业性。这种专业体悟与反思是以行动情景为基础的,是一种将专业构想转向实务操作后,现实体悟与专业理论技术拟合的思考。本书的写作是笔者立足于执行的"无碍公服、有爱生活——老年友好型社区建设"项目,通过聚焦这个并不完美但自认相对成功的案例,以具有方法指导和反思精神的社会工作教学者和社会工作职业人角色,为初次进入社会工作行业的职业人提供一个简单理论与行动层面的社会工作项目生发、运行与营销的通俗读本,以此寻求成功项目的可能。

这本书是笔者在教学与实务互促中形成的经验反思总结,旨在探讨社会工作项目的生发、运行与营销所应具有的方法。方法的重要性是不容小觑的,恰当的方法不仅可以提高项目的整体绩效,还能建立良好客户关系和客户信心,这便可以在社会工作项目生发的原点上为作为客户的发包方(政府、基金会)和服务接受者提供良好的服务感受力。本书试图站在一个具有现实指导意义层面的视角上进行写作,尝试将自己

2010年本科毕业后至今参与社会工作项目的感受和与同行对话的思考，转化为一个能够提升社会工作职业人的职业能力的方法指南，并试图将其作为社会工作应用知识予以形塑并加以运用。

社会工作项目的生发、运行与营销是一个有机的整体，涵括从社会工作项目作为一个可行服务方案的提出，到优先级排序，再到项目的假设性思考、方案规划写作、执行、评估以及营销宣传一整套流程，因此整个过程需要一套科学有效的方法指南在现实情境中发挥专业指导作用，进而优化并推进社会工作项目的良好运行，使得社会工作项目能够更好地在专业理念指导下切合现实之需，尽可能满足每一个直接服务对象和间接服务对象的需要，让社会工作项目的运行产生更好的社会效益，在化解困需之时，促进社会的和谐共生。

本书所要呈现的是社会工作项目的生成、运行与营销方法，可以说是一种经验与学理融合的标准化方法，在某种程度上会抑制灵活性，但是瑕不掩瑜。标准化方法的收益可以分为短期效益和长期效益。短期效益关心的是度量指标，这一点可以清晰地在政府购买服务的结项期予以透视，结项评估指标就是运用相对固定的指标体系对项目成效进行评价。因此社会工作项目从立项到执行再到结项，周期化的指标比对就是分析社会工作项目的短期效益。当然，指标体系的固化有可能对社会工作项目的服务价值造成围困，但这却是保障社会工作项目在执行中回应项目立项时对于任务匹配的一种相对检测评价。长期效应关注关键成功要素，包含商业价值创造和客户满意度两个维度。笔者通过自身参与项目发现，社会工作职业人往往忽视前者，聚焦后者。对于商业价值创造的忽视是因为社会工作机构的属性特征，其非营利、公益属性使其在政府购买服务的市场领域中，本应把自身商业价值创造作为竞标有效筹码，却因自身商业价值创造意识不足而隐没自身。对于客户满意度，社会工作机构从始至终都对其高度关注，但关注似乎忽略了服务对象本身，聚焦的是满意度调查表，这张表更多的是项目结项时的一个任务性证据，真正反映客户满意度的实质性反馈却未被社会工作职业人所关注。其中的根源就在于社会工作机构在生发、运行与营销社会工作项目时对于社会工作项目的长期效应予以弱化处理，这与政府购买社会工作服务的长效机制缺失有关，但也从中映射出了社会工作项目管理者、设计者和执行人对于项目任务化和长效性的选择性思考。

从当下现实情境来看，注重短期效应是社会工作机构的一个通病，对长期效应的重视，是随着项目的推进而被社会工作机构逐渐予以关注的，因此一个富有生命周期的社会工作项目生发、运行与营销方法就成为社会工作职业人希望获得长久、永续发展所必须掌握的职业技能。笔者将经验与学理相融合，以社会工作项目生发的多源流决策议程为起点，阐释社会工作项目生发所需要分析的问题源流、政策源流、政治源流以及双循环中对于项目生发的价值理路；从社会工作项目生发所需的理论支点和方法出发，介绍支撑社会工作项目生发的需要为本、社区文本和社会生态系统理论，以及助力项目生发的基本方法、具体技术，在行动研究与拓展个案所强调的反思性科学方法论中对现实情境进行分析与反思，达成项目的生发；从社会工作项目生发的规划与设计假设过程，分析基于政策文本、现实情境、多元主体对于项目生发的三维假设，呈现出项目设计的构成要素与过程模型，以此作为项目生发由假设性思考到运行文本的蓝图绘制；从社会工作项目运行的目标到任务范本落实，呈现项目目标任务、过程任务的分解设定，以及团队职责分工在项目运行中的价值与意义；从社会工作项目运行的过程到结果效能评估，展现项目评估设计和项目过程评估指标对于社会工作项目运行效果的检测方法运用；从社会工作项目营销的宣传到认可，清晰地呈现出项目阶段化宣传方式的选择与运用，以及项目营销品牌的可行化塑造路径。以上内容构成了一个标准化的社会工作项目生发、运行与营销的执行框架。但必须要澄清的是，社会工作项目的生发、运行与营销，其内在虽具有自身的阶段性，但并不是完全无交叉的割裂状态，本书运用阶段化的呈现，只是为了让读者能够更好地理解项目每一个环节中所应涵括的内容、设计策略和价值意义，让初次尝试社会工作项目生发、运行与营销的管理者、设计者和执行人能够清晰地理解并加以运用。

从上面展现的具体内容可以看出，社会工作项目生发、运行与营销在实际执行中实则还需要一个灵活性作为驱动力,灵活性在社会工作项目整个环节中,是对发包方和服务对象的一种回应,是社会工作机构自我营销所需要的一种刚性需求和柔性策略。如果将社会工作机构比喻为市场上的一位商家,将其他参与到这场供给与消费场域中的主体比喻为客户,那么社会工作机构中的社会工作项目管理者、设计者和执行人对于项目的精准供给需求便是基于:"你对客户业务的理解;对不断变化或偏移的目标做出规划的能力;你和客户的生命周期阶段相匹配的能力;重新验证客户和你的价值条件的能力;对客户和你自身满意度进行权衡的能力;对项目成功的定义达成共识的能力;建立便于客户理解并用于决策的度量指标的能力。"换言之,就是社会工作项目的管理者、设计者和执行人要具有社会工作项目生发、运行与营销的整体形塑能力。本书写作的出发点也正是对此做出回应。

写作的预设往往是完美无瑕的,真正开始写作时才发现并非像自己所想象得那样完美,不断调整、不断回溯、不断参阅不同的文献资料。多么希望这是一本拿到手就能上手的社会工作项目生发、运行与营销宝典,我深知这是不可能的,也请读者带着审视的眼光、反思的精神去阅读和使用这本书,只为能在一定程度上为您带去一些专业上的便捷,而非困扰。当然,如果您有不同的见解,还请您毫无保留地与笔者进行对话,您的意见将成为本书不断完善的重要思想之源。

写于鹿城融邦公寓温馨之家
2021 年 9 月 3 日